AF275216

GRACIAS POR CONFIAR EN COLEX

Disfrute gratuitamente **DURANTE UN AÑO** de los eBook, audiolibros y Colex Copilot de las obras de Editorial Colex*

ACTIVA TU CÓDIGO PARA ACCEDER A LOS SERVICIOS

1. Accede a **www.colex.es**.

2. Inicia sesión o regístrate como usuario.

3. Dirígete al menú de usuario y haz clic en **«Mis códigos»**.

4. Introduce el siguiente código **(RASCA PARA VER EL CÓDIGO)**:

◆ Una vez se valide el código, aparecerá una ventana de confirmación y su eBook / audiolibro / Colex copilot estarán activos **durante 1 año desde su activación** en la pestaña «Mis libros» en el menú de usuario.

* Los audiolibros están disponibles en las ediciones más recientes de nuestras obras. Se excluyen expresamente las colecciones «Códigos comentados», «Biblioteca digital» y los productos de www.vademecumlegal.es. Colex Copilot únicamente está disponible en las ediciones más recientes de las colecciones «Paso a paso» y «Vademecum».

No se admitirá la devolución si el código promocional ha sido manipulado y/o utilizado.

¡Gracias por confiar en nosotros!

La obra que acaba de adquirir incluye de forma gratuita la versión electrónica.

Acceda a nuestra página web para aprovechar todas las funcionalidades de las que dispone en nuestro lector.

Funcionalidades eBook

Acceso desde cualquier dispositivo con conexión a internet

Idéntica visualización a la edición de papel

Navegación intuitiva

Tamaño del texto adaptable

Síguenos en:

NUEVA FUNCIONALIDAD CON INTELIGENCIA ARTIFICIAL EN LOS LIBROS DE COLEX

| Una cortesía de Iberley.es |

En Colex damos un paso más en innovación jurídica. Desde ahora, las guías «Paso a paso» y los «Vademecum» incorporan una nueva funcionalidad basada en **inteligencia artificial**, gracias a la tecnología de **Iberley IA**.

El lector podrá interactuar directamente con el contenido del libro de forma inmediata, útil y centrada exclusivamente en su materia.

☑ ¿Qué puede hacer el usuario en el libro?

- 💬 Realizar preguntas sobre el contenido del libro.

- 📚 Solicitar explicaciones de artículos, conceptos o normativa.

- ☀ Utilizar un ChatBot inteligente, contextualizado y acoplado al contenido legal del libro.

- 💡 Resolver dudas puntuales mientras se estudia o trabaja con la obra.

☒ ¿Qué no puede hacer esta versión del ChatBot?

- ✗ No permite generar escritos jurídicos.

- ✗ No analiza ni responde documentos externos.

- ✗ No responde a consultas de otras materias distintas a la del libro.

Esta herramienta está pensada para enriquecer la experiencia de lectura y consulta del libro. Su uso es exclusivo sobre su contenido.

¿QUIERES IR MÁS ALLÁ? DESCUBRE IBERLEY IA

Si necesitas una **solución avanzada de inteligencia legal**, con cobertura total de materias y documentos, entra en **www.iberley.es** y accede a todas las funcionalidades profesionales:

CUADRO SIMBÓLICO DE FUNCIONALIDADES		
Funcionalidad	**En los libros Colex**	**En Iberley.es**
Preguntar sobre el contenido del libro	✓	✓
Solicitar explicaciones jurídicas	✓	✓
ChatBot integrado al contenido del libro	✓	✓
Consultas sobre otras materias	✗	✓
Análisis de documentos externos	✗	✓
Generación de escritos jurídicos	✗	✓
Traducción jurídica	✗	✓
Informes y resúmenes legales automáticos	✗	✓
Contratos, guías prácticas y emails para clientes	✗	✓
Estrategias judiciales y jurisprudencia instantánea	✗	✓

PENSIÓN ALIMENTICIA: ¿GASTOS ORDINARIOS O EXTRAORDINARIOS?

Guía sobre los gastos ordinarios y extraordinarios
de los hijos tras la separación o el divorcio

PENSIÓN ALIMENTICIA: ¿GASTOS ORDINARIOS O EXTRAORDINARIOS?

Guía sobre los gastos ordinarios y extraordinarios
de los hijos tras la separación o el divorcio

2.ª EDICIÓN 2025

**Obra realizada por el Departamento de
Documentación de Iberley**

COLEX 2025

© Editorial Colex, S.L.
Calle Costa Rica, número 5, 3.º B (local comercial)
A Coruña, 15004, A Coruña (Galicia)
info@colex.es
www.colex.es

I.S.B.N.: 979-13-7011-230-1
Depósito legal: C 1313-2025

SUMARIO

ANEXO I.
CASOS PRÁCTICOS

ANEXO II.
FORMULARIOS

1.
LA SEPARACIÓN O DIVORCIO CON HIJOS

Separación o divorcio con hijos

La separación y el divorcio son dos procesos por los cuales los miembros de un matrimonio dejan de tener una vida común. En el divorcio se produce la disolución del vínculo matrimonial, mientras que, en el caso de la separación, el vínculo no se disuelve. Ambos procesos tienen unas características especiales para el caso de que el matrimonio tenga hijos, ya que deben adoptarse una serie de medidas que protejan el interés superior del menor.

Debemos establecer, en primer lugar, que en caso de que existan hijos en el matrimonio la separación y el divorcio deben decretarse judicialmente, y así lo establecen los arts. 81 y 86 del CC.

Artículo 81 del CC

«Se decretará judicialmente la separación cuando existan hijos menores no emancipados o hijos mayores respecto de los que se hayan establecido judicialmente medidas de apoyo atribuidas a sus progenitores, cualquiera que sea la forma de celebración del matrimonio (...)».

Artículo 86 del CC

«Se decretará judicialmente el divorcio, cualquiera que sea la forma de celebración del matrimonio, a petición de uno solo de los cónyuges, de ambos o de uno con el consentimiento del otro, cuando concurran los requisitos y circunstancias exigidos en el artículo 81».

Teniendo en cuenta que en este tema nos estamos refiriendo a los procesos de separación y divorcio en que son interesados menores, será preceptiva la intervención del Ministerio Fiscal, conforme a lo establecido en el art. 749.2 de la LEC.

JURISPRUDENCIA

Sentencia del Tribunal Constitucional n.º 17/2006, de 30 de enero, ECLI:ES:TC:2006:17

«Y ciertamente debe reconocerse así, pues no en vano el art. 749.2 de la Ley de enjuiciamiento civil (LEC) establece (como antes lo hacía la disposición adicional octava de la Ley 30/1981, de 7 de julio) la intervención preceptiva del Ministerio Fiscal en los procesos matrimoniales cuando afecten a menores, incapaces o ausentes, mandato acorde con las funciones que los apartados 6 y 7 del art. 3 de la Ley 50/1981, de 30 de diciembre, por la que se regula el Estatuto orgánico del Ministerio Fiscal, atribuyen a éste para la satisfacción de la misión de promover la acción de la justicia en defensa de la legalidad, de los derechos de los ciudadanos y del interés público tutelado por la ley, que el art. 124.1 CE le encomienda, como se recuerda en el art. 1 del citado Estatuto orgánico y en el art. 541.1 LOPJ».

La sentencia que resuelve el proceso deberá pronunciarse sobre las medidas que se adoptan respecto del menor, especialmente en cuanto a la atribución de la custodia y a la pensión de alimentos impuesta al progenitor no custodio.

CUESTIÓN

¿En un procedimiento matrimonial pueden modificarse las medidas de un acogimiento familiar permanente?

No, en este sentido se ha pronunciado el Tribunal Supremo en la **sentencia n.º 416/2014, de 20 de julio, ECLI:ES:TS:2015:3216** en la que estableció *«Cuando existe un acogimiento familiar permanente convencional, cuál es el presente, no puede dejarse sin efecto, ni modificarse o regularse a través de un proceso matrimonial, sino que su cese o modificación debe solicitarse de la Entidad Pública que asumió la tutela administrativa y autorizó el acogimiento, ya que no existe laguna legal por la que se deba acudir a aquellos procesos para resolver las incidencias derivadas del acogimiento. Dentro de un procedimiento de separación o divorcio no se pueden acordar las medidas relativas a la guarda y custodia, alimentos a favor del menor acogido, ni atribución del uso del hogar familiar, debería ser la entidad pública, quien a la vista de las nuevas circunstancias adoptase las medidas más beneficiosas para el menor».*

1.1. La custodia

La custodia de los hijos menores

La regulación de la custodia la encontramos en el art. 92 del CC. Comienza este precepto estableciendo que *«La separación, la nulidad y el divorcio no eximen a los padres de sus obligaciones para con los hijos»,* y este artículo se ve complementado por el 154 del CC al señalar:

«Los hijos e hijas no emancipados están bajo la patria potestad de los progenitores.
La patria potestad, como responsabilidad parental, se ejercerá siempre en interés de los hijos e hijas, de acuerdo con su personalidad, y con respeto a sus derechos, su integridad física y mental.

Esta función comprende los siguientes deberes y facultades:

1.º Velar por ellos, tenerlos en su compañía, alimentarlos, educarlos y procurarles una formación integral.

2.º Representarlos y administrar sus bienes.

3.º Decidir el lugar de residencia habitual de la persona menor de edad, que solo podrá ser modificado con el consentimiento de ambos progenitores o, en su defecto, por autorización judicial.

Si los hijos o hijas tuvieren suficiente madurez deberán ser oídos siempre antes de adoptar decisiones que les afecten sea en procedimiento contencioso o de mutuo acuerdo. En todo caso, se garantizará que puedan ser oídas en condiciones idóneas, en términos que les sean accesibles, comprensibles y adaptados a su edad, madurez y circunstancias, recabando el auxilio de especialistas cuando ello fuera necesario.

Los progenitores podrán, en el ejercicio de su función, recabar el auxilio de la autoridad».

El juez cuando deba adoptar cualquier medida sobre la custodia, el cuidado y la educación de los hijos menores, velará por el cumplimiento de su derecho a ser oídos y emitirá una resolución motivada en el interés superior del menor. En todo caso, antes de acordar el régimen de guarda y custodia, el juez deberá recabar informe del Ministerio Fiscal, oír a los menores que tengan suficiente juicio cuando se estime necesario —de oficio o a instancia del Ministerio Fiscal, las partes, miembros del equipo técnico judicial o del propio menor— y valorar las alegaciones de las partes, la prueba practicada y la relación que los padres mantengan entre sí y con sus hijos para determinar su idoneidad con el régimen de guarda.

Cuando el procedimiento de separación y divorcio sea contencioso deberán ser oídos los hijos cuando hubieran alcanzado los doce años, y en caso de que tengan menos de dicha edad, podrán ser oídos.

RESOLUCIÓN RELEVANTE

Sentencia de la Audiencia Provincial de Cáceres n.º 497/2022, de 15 de junio, ECLI:ES:APCC:2022:678

«(...) . El art. 9 de la Ley de Protección del Menor (RCL 1996, 145) establece: Artículo 9. Derecho a ser oído. «1. El menor tiene derecho a ser oído, tanto en el ámbito familiar como en cualquier procedimiento administrativo o judicial en que esté directamente implicado y que conduzca a una decisión que afecte a su esfera personal, familiar o social. En los procedimientos judiciales, las comparecencias del menor se realizarán de forma adecuada a su situación y al desarrollo evolutivo de éste, cuidando de preservar su intimidad. 2. Se garantizará que el menor pueda ejercitar este derecho por sí mismo o a través de la persona que designe para que le represente, cuando tenga suficiente juicio. No obstante, cuando ello no sea posible o no convenga al interés del menor, podrá conocerse su opinión por medio de sus representantes legales, siempre que no sean parte interesada ni tengan intereses contrapuestos a los del menor, o a través de otras personas que por su profesión o relación de especial confianza con él puedan transmitirla objetivamente. 3. Cuando el menor solicite ser oído directamente o por medio de persona que le represente, la denegación de la audiencia será motivada y comunicada al Ministerio Fiscal y a aquéllos». Establece el Convenio sobre los Derechos del Niño: Convención sobre los Derechos del Niño, adoptada por la Asamblea General de las Naciones Unidas el 20

> *de noviembre de 1989. Instrumento de ratificación del 30 de noviembre de 1990. (BOE 31 de diciembre de 1990). Artículo 12. «1. Los Estados Partes garantizarán al niño, que esté en condiciones de formarse un juicio propio, el derecho de expresar su opinión libremente en todos los asuntos que afectan al niño, teniéndose debidamente en cuenta las opiniones del niño, en función de la edad y madurez del niño. 2. Con tal fin, se dará en particular al niño oportunidad de ser escuchado en todo procedimiento judicial o administrativo que afecte al niño, ya sea directamente o por medio de un representante o de un órgano apropiado, en consonancia con las normas de procedimiento de la ley nacional». Establece la Carta Europea de Derechos Fundamentales: Carta Europea de Derechos Fundamentales. Artículo 24. «Derechos del menor. 1. Los menores tienen derecho a la protección y a los cuidados necesarios para su bienestar. Podrán expresar su opinión libremente. Ésta será tenida en cuenta en relación con los asuntos que les afecten, en función de su edad y de su madurez. 2. En todos los actos relativos a los menores llevados a cabo por autoridades políticas o instituciones privadas, el interés superior del menor constituirá una consideración primordial». QUINTO.- La aparente contradicción entre el Código Civil (LEG 1889, 27) y la Ley de Enjuiciamiento Civil (RCL 2000, 34, 962 y RCL 2001, 1892), viene a ser aclarada por la Ley del Menor y por el Convenio sobre Derechos del Niño, en el sentido de que cuando la edad y madurez del menor hagan presumir que tiene suficiente juicio y, en todo caso, los mayores de 12 años, habrán de ser oídos en los procedimientos judiciales en los que se resuelva sobre su guarda y custodia, sin que la parte pueda renunciar a la proposición de dicha prueba, debiendo acordarla, en su caso, el juez de oficio. En este mismo sentido la sentencia del Tribunal Constitucional de 6 de junio de 2005. Para que el juez o tribunal pueda decidir no practicar la audición, en aras al interés del menor, será preciso que lo resuelva de forma motivada. SEXTO.- En función de lo expuesto procede acordar la nulidad de oficio de la sentencia recurrida (art. 238 LOPJ (RCL 1985, 1578 y 2635)), retrotrayendo las actuaciones al momento anterior a dictar sentencia para que antes de resolver sobre la guarda y custodia de los menores, se oiga a los mismos de forma adecuada a su situación y a su desarrollo evolutivo, cuidando de preservar su intimidad". En el mismo sentido, la Sentencia del Tribunal Supremo (Civil, Sección 1ª) de fecha 7 de Marzo de 2.017».*

La custodia puede ejercerse de diferentes formas:

- Custodia compartida.
- Custodia monoparental.

Para resolver sobre el establecimiento del régimen de custodia debe atenderse al interés superior del menor, para lo que lógicamente es necesario atender a la situación familiar concreta. En este sentido se ha manifestado el Tribunal Supremo en la **sentencia n.° 556/2022, de 11 de julio, ECLI:ES:TS:2022:3003**, «*"La interpretación del artículo 92, 5, 6 y 7 CC debe estar fundada en el interés de los menores que van a quedar afectados por la medida que se deba tomar de guarda y custodia compartida, que se acordará cuando concurran alguno de los criterios reiterados por esta Sala y recogidos como doctrina jurisprudencial en la sentencia de 29 de abril de 2013 de la siguiente forma 'debe estar fundada en el interés de los menores que van a quedar afectados por la medida que se deba tomar, que se acordará cuando concurran criterios tales como la práctica anterior de los progenitores en sus relaciones con el menor y sus aptitudes personales; los deseos manifestados por los menores competentes; el número de hijos; el cumplimiento por parte de los progenitores de sus deberes en relación con los hijos y el respeto mutuo en sus relaciones personales; el resultado de los informes exigidos legalmente,* *y, en definitiva, cualquier otro que permita a los menores una vida adecuada, aunque en la práctica pueda ser más compleja que la que se lleva a cabo cuando los progenitores conviven (...)».*

|| Custodia compartida

La custodia compartida es la figura mediante la cual el ordenamiento jurídico establece la participación de ambos progenitores en el proceso de crianza de sus hijos. En la misma se establece un régimen de convivencia equitativo en el que se tendrán en cuenta las circunstancias concretas que concurren en cada situación familiar. Este régimen supone la implicación de ambos progenitores en todo lo relacionado con la crianza del hijo (alimentación, vestido, habitación, etc.). Esta institución supone una equiparación de las responsabilidades.

La doctrina jurisprudencial ha señalado que el sistema de custodia compartida, lejos de ser excepcional, es el que más favorece el contacto de los menores con sus progenitores y el que más protege el interés de los menores. Destacando el Tribunal Supremo que con el sistema de custodia compartida:

- Se fomenta la integración de los menores con ambos padres, evitando desequilibrios en los tiempos de presencia.
- Se evita el sentimiento de pérdida.
- No se cuestiona la idoneidad de los progenitores.
- Se estimula la cooperación de los padres, en beneficio de los menores.

Si bien el Código Civil no ha establecido las circunstancias que deben ser tenidas en cuenta para establecer la custodia compartida, el Tribunal Supremo ha señalado en su **sentencia n.º 242/2016, de 12 de abril, ECLI:ES:TS:2016:1636**, los siguientes criterios: *«(...) la práctica anterior de los progenitores en sus relaciones con el menor y sus aptitudes personales; los deseos manifestados por los menores competentes; el número de hijos; el cumplimiento por parte de los progenitores de sus deberes en relación con los hijos y el respeto mutuo en sus relaciones personales; el resultado de los informes exigidos legalmente, y, en definitiva, cualquier otro que permita a los menores una vida adecuada, aunque en la práctica pueda ser más compleja que la que se lleva a cabo cuando los progenitores conviven (...)».*

|| Custodia monoparental o exclusiva

A diferencia de la custodia compartida, en la custodia monoparental o exclusiva, la guarda y custodia de los hijos, tras la separación o divorcio, corresponde a uno de los progenitores. El progenitor no guardador tendrá derecho de visita y derecho a tener a los hijos en su compañía en los términos que se establezca en la sentencia. Con relación a estos derechos de visita la Audiencia Provincial de Madrid en la **sentencia n.º 56/2022, de 28 de enero, ECLI:ES:APM:2022:491**, señala:

> «La doctrina es igualmente consciente de que el ejercicio de derecho de visitas, exige una colaboración de ambos progenitores presidida por el principio de la buena fe, gravitando sobre el progenitor que tiene al menor bajo su

guarda el deber de comunicar al otro los cambios de domicilio, su estado de salud, el horario de asistencia al centro educativo, sus restantes actividades extraescolares, y, en general, cualquier situación de hecho que pueda impedir o dificultar su ejercicio; no pudiendo el titular del derecho, en justa correspondencia, ejercerlo de modo intempestivo, inapropiado o inadecuado a las circunstancias del caso, propiciando gastos, molestias extrañas o sacrificios no ordinarios al progenitor conviviente con el menor. Como se desprende de lo expresado, el derecho que estudiamos no es incondicionado en su ejercicio sino subordinado exclusivamente al interés y beneficio del hijo (STS 21-7-1993) pues, como señala el art. 3 de la Convención de los Derechos del Niño de 20 de noviembre de 1989 , en cuantas medidas hayan de tomar los Tribunales con respecto a los menores, «la consideración primordial a que se atenderá será el interés superior del niño»; estableciendo la Ley Orgánica 1/1996 de Protección Jurídica del Menor , como principio general que debe informar su aplicación. «el interés superior de los menores sobre cualquier otro interés legítimo que pudiera concurrir interés que debe referirse al desarrollo libre e integral de su personalidad, tal como señala los arts. 10 de la C.E., así como a la supremacía de todo cuanto le beneficie más allá de las apetencias personales de sus padres, tutores o administraciones públicas, en orden a su desarrollo físico, ético y cultural y entre ellos, desde luego, el derecho a no ser separados de cualquiera de sus progenitores salvo que sea necesario al interés del menor».

El art. 94 del CC recoge el derecho de visita del progenitor que no tiene la custodia de sus hijos menores, estableciendo:

«La autoridad judicial determinará el tiempo, modo y lugar en que el progenitor que no tenga consigo a los hijos menores podrá ejercitar el derecho de visitarlos, comunicar con ellos y tenerlos en su compañía.

Respecto de los hijos con discapacidad mayores de edad o emancipados que precisen apoyo para tomar la decisión, el progenitor que no los tenga en su compañía podrá solicitar, en el mismo procedimiento de nulidad, separación o divorcio, que se establezca el modo en que se ejercitará el derecho previsto en el párrafo anterior.

La autoridad judicial adoptará la resolución prevista en los párrafos anteriores, previa audiencia del hijo y del Ministerio Fiscal. Así mismo, la autoridad judicial podrá limitar o suspender los derechos previstos en los párrafos anteriores si se dieran circunstancias relevantes que así lo aconsejen o se incumplieran grave o reiteradamente los deberes impuestos por la resolución judicial.

No procederá el establecimiento de un régimen de visita o estancia, y si existiera se suspenderá, respecto del progenitor que esté incurso en un proceso penal iniciado por atentar contra la vida, la integridad física, la libertad, la integridad moral o la libertad e indemnidad sexual del otro cónyuge o sus hijos. Tampoco procederá cuando la autoridad judicial advierta, de las alegaciones de las partes y las pruebas practicadas, la existencia de indicios fundados de violencia doméstica o de género. No obstante, la autoridad judicial podrá establecer un régimen de visita, comunicación o estancia en resolución motivada en el interés superior del menor o en la voluntad, deseos y preferencias del mayor con discapacidad necesitado de apoyos y previa evaluación de la situación de la relación paternofilial.

No procederá en ningún caso el establecimiento de un régimen de visitas respecto del progenitor en situación de prisión, provisional o por sentencia firme, acordada en procedimiento penal por los delitos previstos en el párrafo anterior.

Igualmente, la autoridad judicial podrá reconocer el derecho de comunicación y visita previsto en el apartado segundo del artículo 160, previa audiencia de los progenitores y de quien lo hubiera solicitado por su condición de hermano, abuelo, pariente o allegado del menor o del mayor con discapacidad que precise apoyo para tomar la decisión, que deberán prestar su consentimiento. La autoridad judicial resolverá teniendo siempre presente el interés del menor o la voluntad, deseos y preferencias del mayor con discapacidad».

Este precepto debemos ponerlo también en relación con el art. 160 del CC que establece el derecho de los hijos menores de relacionarse con sus progenitores cuando éstos no ejerzan la patria potestad:

«1. Los hijos menores tienen derecho a relacionarse con sus progenitores aunque éstos no ejerzan la patria potestad, salvo que se disponga otra cosa por resolución judicial o por la Entidad Pública en los casos establecidos en el artículo 161. En caso de privación de libertad de los progenitores, y siempre que el interés superior del menor recomiende visitas a aquellos, la Administración deberá facilitar el traslado acompañado del menor al centro penitenciario, ya sea por un familiar designado por la administración competente o por un profesional que velarán por la preparación del menor a dicha visita. Asimismo la visita a un centro penitenciario se deberá realizar fuera de horario escolar y en un entorno adecuado para el menor.

Los menores adoptados por otra persona, solo podrán relacionarse con su familia de origen en los términos previstos en el artículo 178.4.

2. No podrán impedirse sin justa causa las relaciones personales del menor con sus hermanos, abuelos y otros parientes y allegados.

En caso de oposición, el Juez, a petición del menor, hermanos, abuelos, parientes o allegados, resolverá atendidas las circunstancias. Especialmente deberá asegurar que las medidas que se puedan fijar para favorecer las relaciones entre hermanos, y entre abuelos y nietos, no faculten la infracción de las resoluciones judiciales que restrinjan o suspendan las relaciones de los menores con alguno de sus progenitores».

La determinación del tiempo, modo y lugar del ejercicio del derecho de visitas le corresponde al juez. El criterio que debe presidir la decisión que en cada caso corresponda sobre la situación del menor es el del interés superior de dicho menor, ponderándolo con el de sus progenitores que, aun siendo de inferior rango, no resulta por ello desdeñable.

JURISPRUDENCIA

Sentencia del Tribunal Constitucional n.º 176/2008, de 22 de diciembre, ECLI:ES:TC:2008:176

«Debe tenerse presente que la comunicación y visitas del progenitor que no ostenta la guarda y custodia permanente del hijo menor de edad se configura por el art. 94 del Código civil como un derecho del que aquél podrá gozar en los términos que se señalen judicialmente pero sin que pueda sufrir limitación o suspensión salvo "graves

circunstancias que así lo aconsejen o se incumplieren grave o reiteradamente los deberes impuestos por la resolución judicial". Se trata, en realidad, de un derecho tanto del progenitor como del hijo, al ser manifestación del vínculo filial que une a ambos y contribuir al desarrollo de la personalidad afectiva de cada uno de ellos.

En este sentido, los instrumentos jurídicos internacionales sobre protección de menores, integrados en nuestro ordenamiento ex art. 10.2 CE y por expresa remisión de la propia Ley Orgánica 1/1996, de 15 de enero, sobre protección jurídica del menor (art. 3), contemplan el reconocimiento del derecho a la comunicación del progenitor con el hijo como un derecho básico de este último, salvo que en razón a su propio interés tuviera que acordarse otra cosa: así el art. 9.3 de la Convención sobre los derechos del niño, adoptada por la Asamblea General de las Naciones Unidas el 20 de noviembre de 1989 y en vigor desde el 2 de septiembre de 1990 ("Los Estados Partes respetarán el derecho del niño que esté separado de uno o de ambos padres a mantener relaciones personales y contacto directo con ambos padres de modo regular, salvo si ello es contrario al interés superior del niño"); así también el art. 14 de la Carta europea de los derechos del niño aprobada por el Parlamento Europeo en Resolución de 18 de julio de 1992 ("En caso de separación de hecho, separación legal, divorcio de los padres o nulidad del matrimonio, el niño tiene derecho a mantener contacto directo y permanente con los dos padres, ambos con las mismas obligaciones, incluso si alguno de ellos viviese en otro país, salvo si el órgano competente de cada Estado miembro lo declarase incompatible con la salvaguardia de los intereses del niño"); igualmente cabe citar el art. 24.3 de la Carta de los derechos fundamentales de la Unión Europea ("Todo niño tiene derecho a mantener de forma periódica relaciones personales y contactos directos con su padre y con su madre, salvo si ello es contrario a sus intereses")».

1.2. La pensión de alimentos

|| La pensión de alimentos de los hijos menores

El art. 93 del CC establece:

> «El Juez, en todo caso, determinará la contribución de cada progenitor para satisfacer los alimentos y adoptará las medidas convenientes para asegurar la efectividad y acomodación de las prestaciones a las circunstancias económicas y necesidades de los hijos en cada momento.
>
> Si convivieran en el domicilio familiar hijos mayores de edad o emancipados que carecieran de ingresos propios, el Juez, en la misma resolución, fijará los alimentos que sean debidos conforme a los artículos 142 y siguientes de este Código».

La obligación de prestar alimentos se da tanto en casos de custodia compartida como en los de custodia monoparental.

En cuanto a la prestación de alimentos en supuestos de custodia compartida la Audiencia Provincial de A Coruña en la **sentencia n.º 300/2022, de 19 de julio, ECLI:ES:APC:2022:2007**, acogiéndose a lo dispuesto por el Tribunal Supremo señala:

> «La Sala de lo Civil del Tribunal Supremo ha precisado que la custodia compartida no exime de la obligación del pago de pensión de alimentos cuando existe desproporción entre los ingresos de ambos progenitores. Señala el auto de la Sala de lo Civil del Tribunal Supremo, de 9 de octubre de 2019:

" La doctrina de esta sala se recoge entre otras, en la STS 55/2016 de 11 de febrero :

"[...]Esta Sala debe declarar que la custodia compartida no exime del pago de alimentos, cuando exista desproporción entre los ingresos de ambos cónyuges, o como en este caso, cuando la progenitora no percibe salario o rendimiento alguno (art. 146 C. Civil), ya que la cuantía de los alimentos será proporcionál a las necesidades del que los recibe, pero también al caudal o medios de quien los da".

Y en la sentencia de 28 de marzo de 2014, Rec. 2840/2012 que establece que:

"[...]La jurisprudencia de esta Sala ha declarado repetidamente que el juicio de proporcionalidad del artículo 146 CC "corresponde a los tribunales que resuelven las instancias y no debe entrar en él el Tribunal Supremo a no ser que se haya vulnerado claramente el mismo o no se haya razonado lógicamente con arreglo a la regla del art. 146 ", de modo que la fijación de la entidad económica de la pensión y la integración de los gastos que se incluyen en la misma, "entra de lleno en el espacio de los pronunciamientos discrecionales, facultativos o de equidad, que constituye materia reservada al Tribunal de instancia, y por consiguiente, no puede ser objeto del recurso de casación" (SSTS de 21 noviembre de 2005 ; 26 de octubre 2011 ; 11 de noviembre 2013 , 27 de enero 2014 , entre otras[...]"."».

Esta obligación de prestar alimentos a los hijos menores de edad tiene unas características peculiares que le distinguen de las restantes deudas alimentarias legales para con los parientes e incluso los hijos mayores de edad. Una de las manifestaciones de esta peculiaridad es la relativa a la fijación de la cuantía alimentaria, que determina que lo dispuesto en los arts. 146 y 147 del CC solo sea aplicable a alimentos debidos a consecuencia de patria potestad, con carácter indicativo, por lo que caben en sede de estos, criterios de mayor amplitud, pautas mucho más elásticas en beneficio del menor, que se toman en sintonía con el interés público de protección de los alimentistas (**SAP de León n.º 41/2023, de 2 de febrero, ECLI:ES:APLE:2023:105**).

JURISPRUDENCIA

Sentencia del Tribunal Constitucional n.º 57/2005, de 14 de marzo, ECLI:ES:TC:2005:57

«Por lo que respecta a la pensión de alimentos a los parientes -el otro elemento de comparación alegado-, su fundamento descansa únicamente en la situación de necesidad perentoria o «para subsistir» (art. 148 CC) de los parientes con derecho a percibirlos - cónyuge, ascendientes, descendientes y hermanos (art. 143 CC)-, se abona sólo «desde la fecha en que se interponga la demanda» (art. 148 CC), y puede decaer por diversos motivos relacionados con los medios económicos o, incluso, el comportamiento del alimentista (art. 152 CC). Por el contrario, los alimentos a los hijos, en la medida en que tienen su origen exclusivamente en la filiación (art. 39.3 CE), ni precisan demanda alguna para que se origine el derecho a su percepción, ni la ley prevé excepciones al deber constitucional de satisfacerlos. En este sentido, no es irrazonable sostener, como hace el Abogado del Estado, que el legislador ha considerado que, mientras que los alimentos a los parientes, en tanto que sólo se satisfacen como consecuencia de una demanda presentada por éstos y tras la correspondiente resolución judicial, constituyen un gasto de carácter extraordinario cuya deducción resulta

procedente, los alimentos a los hijos suponen un gasto corriente o mero consumo de renta que, como ocurre con las restantes aplicaciones de renta, no tienen por qué generar un derecho a su reducción de la base imponible del impuesto.

Tampoco coincide la finalidad en una y otra pensión: si en la de alimentos a los parientes ha de facilitarse el sustento básico para salvaguardar la vida del alimentista, esto es, "todo lo que es indispensable para el sustento, habitación, vestido y asistencia médica" (art. 142 CC), ya hemos dicho que la de alimentos a los hijos no se reduce a la mera subsistencia, al consistir en un deber de contenido más amplio, que se extiende a todo lo necesario para su mantenimiento, estén o no en situación de necesidad».

Sentencia del Tribunal Supremo n.º 111/2015, de 2 de marzo, ECLI:ES:TS:2015:568

«Dice la sentencia de 12 de febrero de 2015 lo siguiente: «De inicio se ha de partir de la obligación legal que pesa sobre los progenitores, que está basada en un principio de solidaridad familiar y que tiene un fundamento constitucional en el artículo 39.1 y 3 CE , y que es de la de mayor contenido ético del ordenamiento jurídico (SSTS de 5 de octubre de 1993 y 8 de noviembre de 2013). De ahí, que se predique un tratamiento jurídico diferente según sean los hijos menores de edad, o no, pues al ser menores más que una obligación propiamente alimenticia lo que existen son deberes insoslayables inherentes a la filiación, que resultan incondicionales de inicio con independencia de la mayor o menor dificultad que se tenga para darle cumplimiento o del grado de reprochabilidad en su falta de atención».

Por tanto, añade, "ante una situación de dificultad económica habrá de examinarse el caso concreto y revisar la Sala si se ha conculcado el juicio de proporcionalidad del artículo 146 del CC (STS 16 de diciembre de 2014, Rc. 2419/2013)... lo normal será fijar siempre en supuestos de esta naturaleza un mínimo que contribuya a cubrir los gastos repercutibles más imprescindibles para la atención y cuidado del menor, y admitir sólo con carácter muy excepcional, con criterio restrictivo y temporal, la suspensión de la obligación, pues ante la más mínima presunción de ingresos, cualquiera que sea su origen y circunstancias, se habría de acudir a la solución que se predica como normal, aún a costa de una gran sacrificio del progenitor alimentante"».

CUESTIÓN

Ante una situación de dificultad económica de un progenitor, ¿puede suspenderse la obligación de prestar alimentos?

La suspensión de la obligación solo puede admitirse con carácter muy excepcional y con criterio restrictivo y temporal. Lo normal será fijar siempre en supuestos de esta naturaleza un mínimo que contribuya a cubrir los gastos repercutibles más imprescindibles para la atención y cuidado del menor. Así lo ha declarado la Audiencia Provincial de Madrid en la sentencia n.º 77/2023, de 20 de febrero, ECLI:ES:APM:2023:2594.

1.3. El convenio regulador o la sentencia de separación o divorcio

|| El convenio regulador o la sentencia de separación o divorcio

La separación o divorcio puede hacerse de mutuo acuerdo o por la vía contenciosa. A continuación, haremos un breve análisis de las particularidades de cada una de estas formas.

|| Separación o divorcio de mutuo acuerdo

En caso de que la separación o divorcio se produzcan de mutuo acuerdo es necesario que los cónyuges firmen un convenio regulador. El Código Civil señala a este respecto:

Artículo 82 del CC

«1. Los cónyuges podrán acordar su separación de mutuo acuerdo transcurridos tres meses desde la celebración del matrimonio mediante la formulación de un convenio regulador ante el letrado de la Administración de Justicia o en escritura pública ante Notario, en el que, junto a la voluntad inequívoca de separarse, determinarán las medidas que hayan de regular los efectos derivados de la separación en los términos establecidos en el artículo 90. Los funcionarios diplomáticos o consulares, en ejercicio de las funciones notariales que tienen atribuidas, no podrán autorizar la escritura pública de separación.

Los cónyuges deberán intervenir en el otorgamiento de modo personal, sin perjuicio de que deban estar asistidos por letrado en ejercicio, prestando su consentimiento ante el letrado de la Administración de Justicia o notario. Igualmente los hijos mayores o menores emancipados deberán otorgar el consentimiento ante el letrado de la Administración de Justicia o Notario respecto de las medidas que les afecten por carecer de ingresos propios y convivir en el domicilio familiar.

2. No será de aplicación lo dispuesto en este artículo cuando existan hijos en la situación a la que se refiere el artículo anterior».

Artículo 87 del CC

«Los cónyuges también podrán acordar su divorcio de mutuo acuerdo mediante la formulación de un convenio regulador ante el Letrado de la administración de justicia o en escritura pública ante Notario, en la forma y con el contenido regulado en el artículo 82, debiendo concurrir los mismos requisitos y circunstancias exigidas en él. Los funcionarios diplomáticos o consulares, en ejercicio de las funciones notariales que tienen atribuidas, no podrán autorizar la escritura pública de divorcio».

> **A TENER EN CUENTA.** En caso de que existan hijos menores la separación o divorcio de mutuo acuerdo debe hacerse por vía judicial, tal y como recogen los arts. 81 y 86 del CC.

Conforme establece el art. 90 del CC el convenio regulador deberá contener, al menos y siempre que fueran aplicables, los siguientes extremos:

- El cuidado de los hijos sujetos a la patria potestad de ambos, el ejercicio de ésta y, en su caso, el régimen de comunicación y estancia de los hijos con el progenitor que no viva habitualmente con ellos.

- Si se considera necesario, el régimen de visitas y comunicación de los nietos con sus abuelos, teniendo en cuenta, siempre, el interés de aquéllos.

- El destino de los animales de compañía, en caso de que existan, teniendo en cuenta el interés de los miembros de la familia y el bienestar del animal; el reparto de los tiempos de convivencia y cuidado si fuere necesario, así como las cargas asociadas al cuidado del animal.
- La atribución del uso de la vivienda y ajuar familiar.
- La contribución a las cargas del matrimonio y alimentos, así como sus bases de actualización y garantías en su caso.
- La liquidación, cuando proceda, del régimen económico del matrimonio.
- La pensión que conforme al artículo 97 del CC correspondiere satisfacer, en su caso, a uno de los cónyuges.

Los acuerdos de los cónyuges adoptados para regular las consecuencias de la separación o divorcio presentados ante el órgano judicial serán aprobados por el juez, salvo si son dañosos para los hijos o gravemente perjudiciales para uno de los cónyuges.

El proceso judicial para el caso de separación o divorcio de mutuo acuerdo se encuentra regulado en el art. 777 de la LEC.

Admitida la solicitud de separación o divorcio el letrado de la Administración de Justicia (LAJ) citará a los cónyuges para que ratifiquen por separado su petición. En caso de que la solicitud no fuera ratificada el LAJ acordará de inmediato el archivo de las actuaciones, quedando a salvo el derecho de los cónyuges a promover la separación o divorcio por la vía contenciosa. Si se hubiera ratificado se otorgará un plazo para que completen la documentación aportada en caso de que fuera insuficiente.

Si hubiera hijos menores o hijos mayores con discapacidad y medidas de apoyo atribuidas a sus progenitores, el tribunal recabará informe del Ministerio Fiscal sobre los términos del convenio relativo a los hijos y serán oídos cuando se estime necesario de oficio o a petición del fiscal, partes o miembros del equipo técnico judicial o del propio hijo.

El proceso finalizará por sentencia concediendo o denegando la separación o divorcio y pronunciándose sobre el convenio regulador.

En caso de que el tribunal no aprobase en todo o en parte el convenio regulador propuesto, se concederá a las partes un plazo de diez días para proponer un nuevo convenio, limitado a los puntos que no hayan sido aprobados por el tribunal.

La sentencia que deniegue la separación o divorcio y el auto que acuerde alguna medida que se aparte de los términos del convenio propuesto podrán ser recurridos en apelación. En los supuestos en los que la sentencia o auto aprueben en su totalidad la propuesta del convenio solo podrán ser recurridos, en interés de los hijos menores o en aras de la salvaguarda de la voluntad, preferencias, y derechos de los hijos con discapacidad con medidas de apoyo atribuidas a sus progenitores, por el Ministerio Fiscal.

El convenio regulador podrá ser modificado en cualquier momento por ambos cónyuges de común acuerdo o de uno con el consentimiento del otro y con propuesta de nuevo convenio regulador. En caso de que no exista acuerdo entre los cónyuges se modificarán las medidas conforme a lo establecido en el art. 775 de la LEC.

|| Separación o divorcio contencioso

En caso de que no exista acuerdo entre los cónyuges cualquiera de ellos podrá solicitar la separación o divorcio ante el juzgado competente/la sección de familia del tribunal de instancia competente. El procedimiento para la separación o divorcio contencioso se encuentra regulado en el art. 770 de la LEC.

A TENER EN CUENTA. Tras la reforma operada por la LO 1/2025, de 2 de enero, se instauran los tribunales de instancia con sus secciones, siendo la competente en materia de familia, la sección de familia, la cual encuentra su regulación en el art. 86 de la LOPJ, vigente desde el 23/01/2025. También, derivada de esta reforma, se instauran los «MASC», medios adecuados de solución de controversias, con entrada en vigor el 03/04/2025. En los casos de separación o divorcio contenciosos será necesario acudir a un MASC antes de la presentación de la demanda. En cambio, para el supuesto de separación o divorcio de mutuo acuerdo, tras las distintas unificaciones de criterios por distintos colectivos (colegios de abogados, letrados de la Administración de Justicia, etc.) y ante la falta de unos criterios únicos a seguir, la opinión generalizada radica en entender como válido y a los efectos de un «MASC», el convenio regulador que se aporte junto con la demanda.

Este proceso seguirá los trámites del juicio verbal (arts. 437 y siguientes de la LEC).

En el proceso contencioso es preceptivo oír a los menores que hayan cumplido los doce años, tal como recoge el párrafo tercero del art. 770.4.ª de la LEC.

JURISPRUDENCIA

Sentencia del Tribunal Supremo n.º 87/2022, de 2 de febrero, ECLI:ES:TS:2022:356

«En la sentencia 577/2021, de 27 de julio, declaramos:

"[D]ice la STC 64/2019, de 9 de mayo:

""[el] derecho del menor de edad a ser 'oído y escuchado', entre otros ámbitos, en todos los procedimientos judiciales en los que esté afectado y que conduzcan a una decisión que incida en su esfera personal, familiar o social [fue...] introducido por primera vez en el art. 12.2 de la Convención sobre los derechos del niño, figura asimismo en el art. 3 del Convenio Europeo sobre el ejercicio de los derechos de los niños, ratificado por España mediante instrumento de 11 de noviembre de 2014; en el apartado 15 de la Carta Europea de derechos del niño, aprobada por resolución del Parlamento Europeo de 21 de septiembre de 1992 y, con una fórmula más genérica, en el art. 24.1 de la Carta de los derechos fundamentales de la Unión Europea. Goza pues de un amplio reconocimiento en los acuerdos internacionales que velan por la protección de los menores de edad, referencia obligada para los poderes públicos

internos de conformidad con lo establecido por los arts. 10.2 y 39.4 CE. Este derecho se desarrolla en el art. 9.1 de la Ley Orgánica 1/1996, de 15 de enero, de protección jurídica del menor, de modificación parcial del Código civil y de la Ley de enjuiciamiento civil, reformado por la Ley Orgánica 8/2015, de 22 de julio, de modificación del sistema de protección a la infancia y a la adolescencia, que indica en su exposición de motivos que se han tenido en cuenta los criterios recogidos en la observación núm. 12, de 12 de junio de 2009, del Comité de Naciones Unidas de Derechos del Niño, sobre el derecho del niño a ser escuchado. Entre otros aspectos, la citada reforma legal de 2015 refuerza la efectividad del derecho al disponer que, en las resoluciones sobre el fondo de aquellos procedimientos en los que esté afectado el interés de un menor, debe hacerse constar el resultado de la audiencia a este y su valoración (art. 9.3 in fine de la Ley Orgánica 1/1996).

""El derecho del menor a ser 'oído y escuchado' forma así parte del estatuto jurídico indisponible de los menores de edad, como norma de orden público, de inexcusable observancia para todos los poderes públicos (STC 141/2000, de 29 de mayo, FJ 5). Su relevancia constitucional está recogida en diversas resoluciones de este Tribunal, que han estimado vulnerado el derecho a la tutela judicial efectiva (art. 24.1 CE) de los menores en supuestos de procesos judiciales en que no habían sido oídos o explorados por el órgano judicial en la adopción de medidas que afectaban a su esfera personal (SSTC 221/2022, de 25 de noviembre, FJ 5; en el mismo sentido, SSTC 71/2004, de 19 de abril, FJ 7; 152/2005, de 6 de junio, FFJJ 3 y 4, y 17/2006, de 30 de enero, FJ 5)".

"Nosotros nos hemos ocupado de la "audiencia", "exploración" o "derecho a ser oído" del menor, entre otras, en las sentencias 413/2014, de 20 de octubre, 157/2017, de 7 de marzo, 578/2017, de 25 de octubre, 18/2018, de 15 de enero, 648/2020, de 30 de noviembre y 548/2021, de 19 de julio). De ellas cabe extraer a modo de líneas directrices, y por lo que ahora interesa, las dos siguientes premisas: (i) la audiencia o exploración del menor tiene por objeto indagar sobre el interés de este, para su debida y mejor protección y, en su caso, debe ser acordada de oficio por el tribunal; (ii) aunque no se puede decir que los tribunales están obligados a oír siempre al menor, pues eso dependerá de las circunstancias particulares de cada caso, atendiendo siempre a la edad, madurez e interés de aquel, por lo que es posible, precisamente en atención a la falta de madurez o de ponerse en riesgo dicho interés, y siempre que el menor tenga menos de 12 años, que se prescinda de su audición o que se considere más adecuado que se lleve a cabo su exploración a través de un experto o estar a la ya llevada a cabo por este medio, para que el tribunal pueda decidir no practicarla o llevarla a cabo del modo indicado, será necesario que lo resuelva de forma motivada"».

En la sentencia que pone fin al procedimiento el juez deberá adoptar, conforme al art. 103 del CC, las medidas siguientes:

«1.ª Determinar, en interés de los hijos, con cuál de los cónyuges han de quedar los sujetos a la patria potestad de ambos y tomar las disposiciones apropiadas de acuerdo con lo establecido en este Código y, en particular, la forma en que el cónyuge que no ejerza la guarda y custodia de los hijos podrá cumplir el deber de velar por éstos y el tiempo, modo y lugar en que podrá comunicar con ellos y tenerlos en su compañía.

Excepcionalmente, los hijos podrán ser encomendados a los abuelos, parientes u otras personas que así lo consintieren y, de no haberlos, a una institución idónea, confiriéndoseles las funciones tutelares que ejercerán bajo la autoridad del juez.

Cuando exista riesgo de sustracción del menor por alguno de los cónyuges o por terceras personas podrán adoptarse las medidas necesarias y, en particular, las siguientes:

a) Prohibición de salida del territorio nacional, salvo autorización judicial previa.

b) Prohibición de expedición del pasaporte al menor o retirada del mismo si ya se hubiere expedido.

c) Sometimiento a autorización judicial previa de cualquier cambio de domicilio del menor.

1.ª bis Determinar, atendiendo al interés de los miembros de la familia y al bienestar del animal, si los animales de compañía se confían a uno o a ambos cónyuges, la forma en que el cónyuge al que no se hayan confiado podrá tenerlos en su compañía, así como también las medidas cautelares convenientes para conservar el derecho de cada uno.

2.ª Determinar, teniendo en cuenta el interés familiar más necesitado de protección, cuál de los cónyuges ha de continuar en el uso de la vivienda familiar y asimismo, previo inventario, los bienes y objetos del ajuar que continúan en ésta y los que se ha de llevar el otro cónyuge, así como también las medidas cautelares convenientes para conservar el derecho de cada uno.

3.ª Fijar, la contribución de cada cónyuge a las cargas del matrimonio, incluidas si procede las «litis expensas», establecer las bases para la actualización de cantidades y disponer las garantías, depósitos, retenciones u otras medidas cautelares convenientes, a fin de asegurar la efectividad de lo que por estos conceptos un cónyuge haya de abonar al otro.

Se considerará contribución a dichas cargas el trabajo que uno de los cónyuges dedicará a la atención de los hijos comunes sujetos a patria potestad.

4.ª Señalar, atendidas las circunstancias, los bienes gananciales o comunes que, previo inventario, se hayan de entregar a uno u otro cónyuge y las reglas que deban observar en la administración y disposición, así como en la obligatoria rendición de cuentas sobre los bienes comunes o parte de ellos que reciban y los que adquieran en lo sucesivo.

5.ª Determinar, en su caso, el régimen de administración y disposición de aquellos bienes privativos que por capitulaciones o escritura pública estuvieran especialmente afectados a las cargas del matrimonio».

CUESTIÓN

El pronunciamiento de la sentencia referente a la pensión de alimentos, ¿tiene carácter retroactivo?

Para dar respuesta a esta cuestión debemos acudir a la doctrina establecida por el Tribunal Supremo recogida en la **sentencia n.º 183/2018, de 4 de abril, ECLI:ES:TS:2018:1165**

«1. Como reiteramos en la sentencia 389/2015, de 23 de junio :

"Esta Sala ha tenido ocasión de fijar doctrina jurisprudencial en interés casacional en las sentencias de 26 de marzo de 2014 y 19 de noviembre de 2014 .

«Según esta doctrina, no cabe confundir dos supuestos distintos: aquel en que la pensión se instaura por primera vez y aquel en el que existe una pensión alimenticia

ya declarada (y por tanto, que ha venido siendo percibida por los hijos menores) y lo que se discute es la modificación de la cuantía (...).

«En el primer caso debe estarse a la doctrina sentada en sentencias de 14 de junio 2011 , 26 de octubre 2011 y 4 de diciembre 2013 , según la cual «(d)ebe aplicarse a la reclamación de alimentos por hijos menores de edad en situaciones de crisis del matrimonio o de la pareja no casada la regla contenida en el art. 148.1 CC , de modo que, en caso de reclamación judicial, dichos alimentos deben prestarse por el progenitor deudor desde el momento de la interposición de la demanda». Sin duda esta regla podría tener excepciones cuando se acredita que el obligado al pago ha hecho frente a las cargas que comporta el matrimonio, incluidos los alimentos, hasta un determinado momento, con lo que, sin alterar esta doctrina, los efectos habrían de retrotraerse a un tiempo distinto, puesto que de otra forma se estarían pagando dos veces.

»En el segundo caso, esto es, cuando lo que se cuestiona es la eficacia de una alteración de la cuantía de la pensión alimenticia ya declarada con anterioridad, bien por la estimación de un recurso o por un procedimiento de modificación, la respuesta se encuentra en la propia STS de 26 de marzo de 2014, Rec. n° 1088/2013, que, tras analizar la jurisprudencia aplicable, fija como doctrina en interés casacional que «cada resolución desplegará su eficacia desde la fecha en que se dicte y será solo la primera resolución que fije la pensión de alimentos la que podrá imponer el pago desde la fecha de la interposición de la demanda, porque hasta esa fecha no estaba determinada la obligación, y las restantes resoluciones serán eficaces desde que se dicten, momento en que sustituyen a las citadas anteriormente» . Dicha doctrina se asienta en que, de una parte, el artículo 106 del Código Civil establece que los «los efectos y medidas previstas en este capítulo terminan en todo caso cuando sean sustituidos por los de la sentencia o se ponga fin al procedimiento de otro modo», y de otra, el artículo 774.5 de la Ley de Enjuiciamiento Civil dispone que «los recursos que conforme a la Ley se interpongan contra la sentencia no suspenderán la eficacia de las medidas que se hubieran adoptado en ésta», razones que llevan a la Sala a entender que cada resolución habrá de desplegar su eficacia desde la fecha en que se dicte, siendo solo la primera resolución que fije la pensión de alimentos la que podrá imponer el pago desde la fecha de interposición de demanda (porque hasta esa fecha no estaba determinada la obligación), no así las restantes resoluciones que modifiquen su cuantía (sea al alza o a la baja), las cuales solo serán eficaces desde que se dicten, momento en que sustituyen a las dictadas anteriormente»».

2.
GASTOS ORDINARIOS Y EXTRAORDINARIOS

Concepto de gastos ordinarios y gastos extraordinarios

Para comenzar este tema debemos en primer lugar recordar algunos conceptos sobre la obligación de alimentar a los hijos menores. Esta obligación va más allá de la solidaridad entre parientes que regula el título VI del libro primero del CC. Los alimentos debidos a los hijos se regulan en el art. 93 del CC que establece:

> «El Juez, en todo caso, determinará la contribución de cada progenitor para satisfacer los alimentos y adoptará las medidas convenientes para asegurar la efectividad y acomodación de las prestaciones a las circunstancias económicas y necesidades de los hijos en cada momento.
>
> Si convivieran en el domicilio familiar hijos mayores de edad o emancipados que carecieran de ingresos propios, el Juez, en la misma resolución, fijará los alimentos que sean debidos conforme a los artículos 142 y siguientes de este Código».

A este precepto añade el art. 142 del CC:

> «Se entiende por alimentos todo lo que es indispensable para el sustento, habitación, vestido y asistencia médica.
>
> Los alimentos comprenden también la educación e instrucción del alimentista mientras sea menor de edad y aun después cuando no haya terminado su formación por causa que no le sea imputable.
>
> Entre los alimentos se incluirán los gastos de embarazo y parto, en cuanto no estén cubiertos de otro modo».

Estos dos artículos serían más que suficientes para que los progenitores contribuyan a todos los gastos necesarios para la alimentación y educación de sus hijos. Sin embargo, el Código Civil señala una obligación más en su artículo 154: la patria potestad comprende el deber de velar por los hijos, tenerlos en su compañía, alimentarlos, educarlos y procurarles una formación integral. Precisamente la expresión «pensión alimenticia» se utiliza para designar la contribución del progenitor no custodio, en cumplimiento de esta obligación legal.

En la aportación que los progenitores deben hacer en materia de gastos de los hijos menores debemos distinguir entre:

- **Gastos ordinarios.** Son los necesarios, periódicos y previsibles y, por tanto, deben ser tenidos en cuenta cuando se fija la pensión de alimentos. Dentro de esta clasificación se encuadran los gastos que referencia el art. 142 del CC anteriormente expuesto. La **sentencia del Tribunal Supremo n.º 721/2011, de 26 de octubre, ECLI:ES:TS:2011:7070**, en relación a lo que se considera gasto ordinario determina: «El art. 154.2, 1º CC obliga a los titulares de la patria potestad a velar por sus hijos, alimentarlos, educarlos y procurarles una formación integral, lo que cuando ocurre en situaciones de separación o divorcio, debe completarse con lo dispuesto en el art. 142 CC, que contiene un concepto amplio de alimentos, al incluir lo que es indispensable para el sustento, habitación, vestido y asistencia médica, educación e instrucción del alimentista. Lo discutido en este litigio es, por una parte, la cuantía y, por otra, el propio concepto de gasto, ordinario o extraordinario y la respuesta la proporciona el art 146 CC, cuando establece que "la cuantía de los alimentos será proporcionada al caudal o medios de quien los da y las necesidades del alimentista". De este modo, si durante la convivencia, los progenitores habían acordado que determinados gastos formaban parte de la formación integral de sus hijos, siempre que se mantenga el nivel económico que existía antes de la separación/divorcio, deben considerarse los gastos acordados como ordinarios».

- **Gastos extraordinarios.** Son los imprevisibles, no se sabe si se producirán ni cuándo lo harán y, en consecuencia, no son periódicos.

Los tribunales han establecido reiteradamente una clasificación de gastos atendiendo a la naturaleza de los mismos y que determina la necesidad de que se incluyan en la pensión alimentaria o, por el contrario, se deba compartir el gasto con independencia a la pensión fijada. Así en múltiples sentencias de las audiencias provinciales —como por ejemplo, en la **SAP de Córdoba n.º 1134/2022, de 23 de diciembre, ECLI:ES:APCO:2022:1303**, y en la **SAP de Barcelona n.º 741/2021, de 3 de diciembre, ECLI:ES:APB:2021:15018**— vemos reflejada la siguiente clasificación:

- **Gastos ordinarios usuales** e incluidos en la pensión alimenticia destinada a cubrir necesidades comunes: vestido, ocio, educación, incluidos los universitarios en centros públicos —recibos expedidos por el centro educativo, seguros escolares, AMPA, matrícula, aula matinal, transporte y comedor en su caso, material docente no subvencionado, excursiones escolares, uniformes, libros—.

- **Gastos ordinarios no usuales,** deben ser en todo caso consensuados de forma expresa y escrita para que pueda compartirse el gasto y a falta de acuerdo, serán sufragados por quien de forma unilateral haya tomado la decisión, y sin perjuicio de que pueda ejercitarse con carácter previo la acción del art. 156 del CC, si la discrepancia estriba en si debe o no el menor realizar la actividad: actividades extraescolares, deportivas, música, baile, informática, idiomas, campamentos o cursos de verano, viajes al extranjero, fiestas de cumpleaños u onomásticas y otras celebraciones necesarias de los hijos, así como los gastos de colegio/universidad privados, máster o curso de postgrado, y las estancias en residencias universitarias, colegios mayores o similares.

- **Gastos extraordinarios de carácter médico**: los odontológicos y tratamientos bucodentales incluida la ortodoncia, prótesis, logopeda, psicólogo, fisioterapia o rehabilitación —incluida natación— con prescripción facultativa, óptica, gastos de farmacia no básicos y con prescripción médica, tratamientos de homeopatía y, en general, cualquier otro gasto sanitario no cubierto por el sistema público de salud de la Seguridad Social, o por el seguro médico privado que puedan tener concertado los progenitores.

- **Gastos extraordinarios de carácter educativo**: las clases de apoyo escolar motivadas por el rendimiento académico.

A TENER EN CUENTA. El anterior listado no tiene carácter exhaustivo.

Asimismo, dentro de los gastos extraordinarios podemos diferenciar los **gastos extraordinarios necesarios** y los **gastos extraordinarios no necesarios**.

En cuanto a los **requisitos para la exigibilidad** de los gastos extraordinarios, se distinguen aquellas actuaciones que requieren acuerdo y las que no lo precisan. La **Audiencia Provincial de Barcelona en su sentencia n.º 501/2009, de 9 de julio, ECLI:ES:APB:2009:7552**, determina que los gastos extraordinarios, entendidos rectamente como aquellos que son necesarios, no periódicos e imprevisibles (como gastos médicos, odontológicos, etc., no incluidos en la Seguridad Social o en un seguro privado) **no requieren acuerdo, por su condición de necesarios, sino comunicación suficiente al otro progenitor y deben costearse por mitad,** salvo razones especiales que determinen otra distribución.

Por lo que, solo los **gastos no necesarios requieren acuerdo donde se prevea la proporción de pago** y que, en caso de desacuerdo, puede ser suplido por decisión judicial.

CUESTIÓN

En el momento de la firma del convenio regulador, el hijo de ambos progenitores acude a clases de piano desde hace dos años, ¿estaríamos ante un gasto extraordinario? Y si las tuvieran planeadas para que las comenzara al mes siguiente de la firma del convenio regulador, ¿estaríamos ante un gasto extraordinario?

No, en ninguno de los casos estaríamos ante gastos extraordinarios, pues los gastos serán extraordinarios siempre y cuando no se estén llevando a cabo en el momento de la firma del convenio regulador o de tramitación del procedimiento, pues no se trata de gastos imprevisibles y, además, es un gasto periódico. Si por el contrario el hijo comienza las clases de piano cinco meses después de la firma del convenio regulador, estaríamos ante un gasto extraordinario no necesario que precisará del acuerdo de ambos progenitores.

2.1. Clases de gastos extraordinarios: necesarios y convenientes

Clases de gastos extraordinarios

El concepto de gasto extraordinario es una categoría difusa que engloba una variada gama de partidas de gastos que los progenitores deben asumir. Los gastos extraordinarios son aquellos que tienen naturaleza imprevisible, esto supone que no se sabe si se producirán ni cuándo lo harán y, en consecuencia, no son periódicos. Dentro de los gastos extraordinarios podemos diferenciar entre los que son necesarios y los que son convenientes o no necesarios.

La **sentencia de la Audiencia Provincial de Badajoz n.º 145/2016, de 14 de junio, ECLI:ES:APBA:2016:577,** recoge las **características** que deben concurrir para que **un gasto pueda ser calificado como extraordinario,** así establece que:

- Debe ser necesario, en el sentido que haya de cubrirse económicamente de modo ineludible, en orden al cuidado, desarrollo y formación, en todos los órdenes del alimentista; en contraposición a lo superfluo o secundario, de lo que evidentemente, puede prescindirse, sin menoscabo para el alimentista.
- No tener una periodicidad prefijada.
- Ser imprevisible, en cuanto dimanante de sucesos de difícil o imposible previsión apriorística, de tal modo que tales gastos pueden surgir o no.
- Ser acorde y asumible por el caudal del alimentante.
- No estar cubierto por los alimentos o gastos ordinarios.

En cuanto a la calificación de un gasto como extraordinario lo aconsejable es que se haya determinado en el convenio regulador, en caso contrario y para el supuesto de que no exista acuerdo entre los progenitores, será el juez el que determine la naturaleza del gasto concreto por medio del incidente previsto en el art. 776.4 de la LEC.

Dentro de los gastos extraordinarios podemos referirnos a los necesarios y a los convenientes.

Cuando nos referimos a los gastos extraordinarios en sentido estricto nos referimos a los **gastos extraordinarios necesarios.** Dentro de este grupo podemos referirnos:

- Tratamientos médicos o facultativos no incluidos en la Seguridad Social tipo ortodoncia, gafas o lentillas, logopeda, psicólogo, fisioterapia, entre otros.
- Gastos educativos como clases de apoyo recomendados por el centro educativo.

Estos gastos extraordinarios necesarios se consideran un *plus* derivado de circunstancias anómalas que exigen que los progenitores contribuyan a unas prestaciones que no estaban previstas, así la **sentencia de la Audiencia Provincial de A Coruña n.º 136/2006, de 28 de abril, ECLI:ES:APC:2006:944,** señala:

> «Para la resolución de la cuestión litigiosa, ha de tenerse presente que estos son de carácter excepcional, se producen de forma imprevista, y son necesarios para atender las contingencias de los hijos menores o con derecho a percibir alimentos de sus padres, no son por tanto, gastos periódicos producidos en atenciones regulares de la vida cotidiana de los hijos y no están por ello encuadrados en el concepto de alimentos de los arts. 142 del Cg. Civil, sino que son un «plus» derivado de circunstancias anómalas que exigen mayores prestaciones de los progenitores para mantener el estado físico, psíquico y desarrollo normal o integral de los hijos.
>
> Para cuya determinación ha de tenerse presente que por su carácter excepcional, tienen lugar de manera ocasional, por circunstancias extraordinarias y cuya existencia debe estar justificada, al no hallarse comprendidos dentro del concepto de alimentos al que se refiere el art. 142 Cg. Civil, por ello tendrán asimismo dicha consideración los gastos médicos no cubiertos por la Seguridad Social u otra entidad médica aseguradora, o que sean de carácter urgente, cuyo pago deberá ser realizado por ambos progenitores a partes iguales y los que con carácter general deberán ser sometidos parcialmente a consideración por el Juzgado, que en último caso determinará si han quedado debidamente justificados».

Por otro lado, podemos referirnos a los **gastos extraordinarios convenientes o no necesarios.** Son aquellos que sin ser necesarios para el desarrollo del menor sí son convenientes, este es el caso de actividades extraescolares, viajes al extranjero, cursos de verano, celebraciones, etc.

A TENER EN CUENTA. No existe un criterio unificado en nuestras audiencias provinciales sobre los gastos que deben de ser considerados necesarios o no, sino que habrá que atender a las circunstancias del caso concreto.

La principal **diferencia entre los gastos ordinarios y los extraordinarios** es la **previsibilidad.** En el caso de los gastos ordinarios son necesarios, periódicos y previsibles y los mismos se integran en la pensión alimenticia por lo que no es necesario que exista un acuerdo ni comunicación del gasto al otro progenitor.

Por su parte los gastos extraordinarios, como ya hemos señalado, son imprevisibles por lo que no puede determinarse si los mismos se producirán ni cuando, no siendo tampoco unos gastos periódicos. En relación con estos gastos los progenitores contribuirán a los mismos en la proporción que se establezca bien en el convenio regulador, bien por medio de sentencia.

En caso de que el **gasto extraordinario sea necesario, el mismo solo requerirá que sea comunicado al otro progenitor y no será necesario solicitar autorización para el mismo.**

Si nos encontramos ante un **gasto extraordinario no necesario o conveniente** sí será indispensable el acuerdo de los progenitores y que se concrete el porcentaje que cada uno de ellos va a asumir. En este sentido se ha pronunciado la Audiencia Provincial de Barcelona en la **sentencia n.º 440/2011, de 26 de julio, ECLI:ES:APB:2011:7159**:

> «La sala debe integrar de oficio, al estar en juego los intereses de menores, el concepto de gastos extraordinarios, vistos los términos en que los menciona el apelante, no conforme con la doctrina fijada reiteradamente. Efectivamente, los gastos extraordinarios deben ser entendidos como aquellos que son necesarios, no periódicos e imprevisibles (como gastos médicos, odontológicos, etc. no incluidos en la Seguridad Social o seguro privado) y no requieren acuerdo, por su condición de necesarios, sino comunicación suficiente al otro progenitor, y deben costearse por mitad, salvo razones especiales que determinen otra distribución, que no es el caso. Ello no es óbice para que, por prudencia y si las circunstancias lo permiten, quien los paga o pretenda pagar pueda recabar esa conformidad a priori, para evitar que en el incidente del artículo 776.4 de la Ley de Enjuiciamiento Civil (LEC) pueda resolverse en contra de la condición de necesarios y por ende extraordinarios. Solo los gastos no necesarios, como los extraescolares (que no son extraordinarios) requieren ese acuerdo, que debe incluir la proporción de pago y que, en caso de desacuerdo, puede ser suplido por decisión judicial».

3.
EL PROCEDIMIENTO PARA RECLAMAR LOS GASTOS EXTRAORDINARIOS

¿Cómo es la reclamación judicial de los gastos extraordinarios?

A la hora de acudir a nuestros tribunales para obtener el cobro de los gastos extraordinarios es importante distinguir si dichos gastos aparecen específicamente mencionados en el convenio o en la sentencia como extraordinarios, o no.

En el primero de los casos se podría acudir directamente a una ejecución, ya que los mismos aparecen recogidos en el título que legitima la ejecución, mientras que, en el segundo, la Ley de Enjuiciamiento Civil regula, en su art. 776.4.ª, un incidente previo con el que pretende obtenerse la declaración de que la cantidad reclamada tiene la consideración de gasto extraordinario.

3.1. El incidente de determinación del gasto extraordinario

Incidente de determinación de un gasto extraordinario

La Ley de Enjuiciamiento Civil dedica su art. 776 a la ejecución forzosa de los pronunciamientos sobre medidas, disponiendo que las mismas se ejecutarán de conformidad a lo establecido en el libro III dedicado a la ejecución forzosa y a las medidas cautelares, si bien recoge distintas especialidades entre las que se encuentra el incidente previo para el caso de los gastos extraordinarios no recogidos expresamente en las medidas.

«Los pronunciamientos sobre medidas se ejecutarán con arreglo a lo dispuesto en el Libro III de esta ley, con las especialidades siguientes:

(...)

4.ª Cuando deban ser objeto de ejecución forzosa gastos extraordinarios, no expresamente previstos en las medidas definitivas o provisionales, deberá solicitarse previamente al despacho de ejecución la declaración de que la cantidad reclamada tiene la consideración de gasto extraordinario. Del escrito solicitando la declaración de gasto extraordinario se dará vista a la contraria y, en caso de oposición dentro de los cinco días siguientes, el Tribunal convocará a las partes a una vista que se sustanciará con arreglo a lo dispuesto en los artículos 440 y siguientes y que resolverá mediante auto».

Por tanto, este procedimiento incidental tiene por objeto la declaración de que un determinado gasto o cantidad tiene la consideración de gasto extraordinario antes de ser objeto de ejecución forzosa.

> **CUESTIÓN**
>
> **¿Cómo se configura legalmente este incidente?**
>
> Este incidente se configura legalmente como una cuestión incidental de previo pronunciamiento con efecto suspensivo respecto del proceso principal de ejecución forzosa en reclamación de gastos extraordinarios. Así se recoge en el **auto de la Audiencia Provincial de Cádiz n.º 282/2022, de 20 de diciembre, ECLI:ES:APCA:2022:720A**:
>
> *«(...) Se trata, en efecto, de un incidente meramente declarativo, sistemáticamente ubicado en el ámbito de las reglas especiales para la ejecución forzosa de medidas en los procesos de familia, que es configurado legalmente como una cuestión incidental de previo pronunciamiento con efecto suspensivo respecto del proceso principal de ejecución forzosa en reclamación de gastos extraordinarios. Ello hace de aplicación a este incidente declarativo las disposiciones generales contenidas en los artículos 387 a 393 de la Ley de Enjuiciamiento Civil, referidos a las cuestiones incidentales, en todos los aspectos que no estén regulados de forma empresa y concreta en la propia regla 4ª del artículo 776 (...)».*

Tal y como expresamente se recoge en el mentado artículo, la necesidad de acudir al art. 776.4.ª de la LEC viene de que los gastos reclamados no aparezcan expresamente previstos en el convenio o sentencia. En este sentido resulta ilustrativo el **auto de la Audiencia Provincial de Córdoba n.º 51/2023, de 27 de enero, ECLI:ES:APCO:2023:48A**:

«Las previsiones contenidas en el art. 776.4 de Lec. (introducido por Ley 13/2009 de 3 de noviembre) deben de ponerse en relación con el principio de **literalidad del título** (arts. 517, 555.1 y 563 de Lec.); de forma que **sólo en el supuesto de que el título de cuya ejecución se trate, no contenga previsión alguna** que, conforme a dicho principio, liminarmente ampare la concreta pretensión ejecutiva, **deberá de deducirse la acción declarativa para la sustanciación del incidente** que, sin formar parte del proceso de ejecución forzosa, determine con carácter previo al despacho de ejecución la condición de extraordinario del gasto en cuestión.

En suma, tal y como indica la S.A.P. de Barcelona de 17 de mayo de 2011 y una autorizada doctrina científica, la declaración judicial de que un gasto merece la calificación de extraordinario, constituye una condición objetiva de procedibilidad de la demanda ejecutiva sólo en aquellos supuestos en que el título ejecutivo, en convergencia con la documentación adjuntada con la demanda de ejecución, no permita apreciar la conformidad del afirmado carácter extraordinario del gasto con el contenido del título; de forma que si el examen del título y la documentación aneja sí permitiesen apreciar esa inicial conformidad con la concreta pretensión ejecutiva, dicho incidente previo no es necesario (y ello sin perjuicio de tener presente, que dicho examen judicial liminarmente practicado no empece la posibilidad de oposición del ejecutado ni, por ende, la posibilidad de una ulterior resolución que a la vista de las alegaciones de las partes —y pruebas que se hayan podido ofrecer y practicar— efectúe una más profunda consideración de las cuestiones que oportunamente se susciten)».

|| ¿Qué gastos se pueden reclamar como gastos extraordinarios?

Siguiendo lo dispuesto en el **auto de la Audiencia Provincial de Cádiz n.º 161/2018, de 13 de julio, ECLI:ES:APCA:2018:623A**, los gastos que se podrían reclamar son:

1. Los que tengan un carácter excepcional, se salgan de lo común, corriente y cotidiano que se cubre con la pensión alimenticia ordinaria y periódica.

2. Los que no sean periódicos y previsibles en el momento de su fijación.

3. Los que sean necesarios para los intereses del alimentista, y no obedezcan a meros caprichos y arbitrariedades de quien los intenta imponer.

4. Que esos gastos sean acomodados a las circunstancias económicas, recursos y capacidad de ambos progenitores a los que incumbe la cobertura de las necesidades alimenticias de los hijos.

5. Y que previamente se haya consensuado y consentido expresamente su desembolso. (Si bien hay que tener en cuenta que este requisito ha sido matizado por distintas audiencias que entienden que si el gasto es necesario no requeriría este consentimiento).

|| ¿Cuándo resulta obligatorio acudir a este procedimiento para reclamar gastos extraordinarios?

La propia LEC recoge que este procedimiento se utilizará cuando estemos ante:

- Gastos extraordinarios que deban ser objeto de ejecución forzosa, es decir, gastos que no han sido voluntariamente pagados.

- Gastos que no aparezcan expresamente recogidos como extraordinarios en las medidas definitivas o provisionales.

CUESTIÓN

¿Puede acudirse a este incidente para que se considere como extraordinario un gasto futuro?

La Audiencia Provincial de Asturias, en su **auto n.º 66/2018, de 29 de junio, ECLI:ES:APO:2018:675A,** da una respuesta afirmativa, entendiendo que sí que podría acudirse a este incidente para decidir sobre gastos futuros:

> *«La cuestión que se plantea es si es posible, a efectos de un futuro como es el viaje que la madre pretende acometer en el verano a Inglaterra para que las niñas mejoren en el idioma, si puede solicitarse su declaración y exacción en el incidente del art. 776.4 LEC, que es el ejercitado en la demanda y que la parte ejecutada rechaza como posible con base en el citado precepto alegando inadecuación de procedimiento, debiendo acudir a un expediente de jurisdicción voluntaria.*
>
> *(...)*
>
> *En consecuencia, el incidente de previa liquidación de gastos extraordinarios, ahora regulado expresamente en el artículo 776.4 de la LEC, se revela como un trámite necesario e ineludible, a fin de concretar cuales son esos gastos extraordinarios que por su propia naturaleza, como contrapuestos a los normales ordinarios, habituales, los que pudiéramos denominar como gastos domésticos, no pueden recogerse de forma individualizada ni taxativa en las resoluciones judiciales, pues dependerán de la casuística particular. Es por ello que en casos de discrepancia entre los litigantes deberá procederse a su determinación judicialmente.*
>
> *Que es el caso aquí contemplado respecto del viaje del verano, por tanto, **cuando los progenitores discrepen** sobre la necesidad de que el alimentista reciba alguna atención distinta de las del sustento, vestido, habitación e instrucción reglada u ordinaria —que con arreglo a los artículos 93 y 142 del Cc son las cubiertas por la pensión alimenticia fijada en sentencia en cuantía líquida, concreta e indubitada— **deben acudir al Juez para que este se pronuncie sobre este particular constatando que el gasto es necesario y si existen otras alternativas que, proporcionando igual o similar utilidad, sean menos onerosas.***
>
> *De modo que hoy en día es indudable que, salvo acuerdo previo de los progenitores, será necesario recabar esa previa resolución judicial declarativa de la obligación de contribuir a ese gasto calificado como extraordinario, por lo que la anticipación comporta que lo sea para un futuro. Siendo una vez declarado como extraordinario y tras la realización y cuantificación cuando se procederá a su exacción, caso de no cumplirse de forma voluntaria».*

Jurisprudencialmente existen distintas interpretaciones, ya que según una parte de nuestras audiencias no sería obligatorio acudir a este incidente, ya que el procedimiento de ejecución permite discutir la procedencia de los gastos, mientras que para otra parte este procedimiento es necesario siempre que los gastos extraordinarios reclamados no aparezcan expresamente recogidos en el convenio o en la sentencia como tales.

Así, como defensores de la primera corriente, podemos citar a la Audiencia Provincial de Almería, que en su **auto n.º 11/2023, de 10 de enero, ECLI:ES:APAL:2023:17A,** entiende que no es obligatorio, ya que podría discutirse la procedencia de los gastos en el procedimiento de ejecución:

> «(...) El precepto sólo tiene como finalidad concordar previamente un título ejecutivo abreviado, pero nada impide la práctica como el presente de discutir la procedencia del gasto dentro del procedimiento de ejecución.

Y sobre todo cuando en el supuesto revisado se reclaman gastos extraordinarios (material escolar, ropa, viajes etc.), cuyo contenido ha fijado la Jurisprudencia en reiteradas resoluciones, por lo que **el procedimiento de ejecución, con el previo traslado a las partes para alegaciones sobre la procedencia de su inclusión o exclusión, garantiza las previsiones del artículo 776.4 de la LEC, y permite su fijación.** El procedimiento indicado en aquel artículo, más bien estaría orientado a determinar aquellos gastos que sean relevantes y de entidad suficiente como para justificar, solo ellos, un procedimiento que los fije y cuantifique, como podrían ser determinadas celebraciones sociales y/o religiosas de los hijos menores que exijan un desembolso importante para los progenitores».

También la Audiencia Provincial de Zaragoza se pronuncia en el sentido de no entender necesario este incidente cuando no existen dudas sobre la naturaleza del gasto en cuestión, y así lo recoge, por ejemplo, en su **sentencia n.º 259/2012, de 9 de mayo, ECLI:ES:APZ:2012:1271**:

«Una interpretación razonable del precepto lleva, sin embargo, a entender que **la apertura del incidente del art 776.4 LEC solo procede cuando hay dudas sobre la naturaleza del gasto en cuestión.** Por lo que, si como gastos extraordinarios se tienen, además de los que responden a situaciones de urgente necesidad —operaciones quirúrgicas, largas enfermedades y análogos—, los generados por necesidades médicas o farmacéuticas no cubiertas por la red sanitaria pública, ninguna duda puede ofrecer el carácter extraordinario del gasto causado por el tratamiento de ortodoncia debido a la maloclusión y malposición dentaria de Sergio».

> **A TENER EN CUENTA.** El auto de la Audiencia Provincial de Granada n.º 10/2022, de 23 de febrero, ECLI:ES:APGR:2022:511A, defiende justo la postura contraria, es decir, hay que acudir al incidente siempre que la categoría del gasto no esté prevista en las medidas, independientemente de que existan dudas o no sobre su naturaleza: «(...) con arreglo a este precepto se hace ineludible, conforme al orden público procesal, la integración del título ejecutivo cuando la categoría del gasto no esté prevista en el mismo como medida definitiva o provisional, y ello no admite excepción alguna basada en que no concurran dudas sobre la naturaleza o carácter del gasto, puesto que dicha excepción ni se contempla en la norma ni puede tener sustento en presunción alguna, habida cuenta que, como hemos dicho y se reconoce en la propia resolución recurrida, la categorización de gasto extraordinario no se sustenta exclusivamente en el carácter necesario del gasto, sino también de otros rasgos como que sea esporádico o inesperado, que han de ser valorados en función de circunstancias contingentes (edad del menor, aptitudes, capacidades, utilidad del gasto, entre las que hemos señalado), que exigen su valoración en el caso concreto».

Sin embargo, como defensores de la corriente contraria, y mayoritaria en nuestras audiencias, cabe citar, por ejemplo, a la Audiencia Provincial de Cádiz, que en su **auto n.º 292/2022, de 22 de diciembre, ECLI:ES:APCA:2022:726A**, recoge que:

«Aun cuando no necesariamente ha de presentarse el incidente del art. 776.4 LEC para despachar ejecución por gastos extraordinarios, ya que dicho precepto, claramente preceptúa que, cuando deban ser objeto de ejecución forzosa gastos extraordinarios «no expresamente previstos», debe solicitarse previamente al despacho de ejecución la declaración de que la cantidad reclamada tiene la consideración de gasto extraordinario, porque es posible que las partes en el convenio regulador hayan pactado o, la sentencia haya determinado, de forma expresa cuáles han de tener la consideración de gastos extraordinarios; **fuera de estos casos, la determinación de si un gasto es o no extraordinario, debe hacerse a través del incidente del art. 776.4 LEC.** Y, ello es lo que acontece en este caso, porque no se especifican dichos gastos en el convenio regulador, a salvo de la determinación genérica de gastos no cubiertos por el seguro sanitario o actividades escolares, como excusiones, o extraescolares, sin mayor precisión, habiendo acordado, en todo caso las partes, que se consensuaran y, dado que el apelante alega que no se han consensuado ni comunicado, sin que la ejecutante haya acreditado lo contrario, estimamos que debió seguirse previamente el incidente del art. 776.4 LEC, con carácter previo a despachar ejecución, por lo que este motivo de recurso ha de ser estimado (...)».

También la Audiencia Provincial de Gipuzkoa en su **auto n.º 13/2018, de 24 de julio, ECLI:ES:APSS:2018:608A**, se pronuncia en el sentido de entender necesario este trámite cuando los gastos no estén expresamente previstos en las medidas, entendiendo que, en el proceso de ejecución, la oposición no prevé la posibilidad de discutir la inexigibilidad de la deuda, aunque en el caso concreto concluye que la omisión de dicho incidente no ha generado indefensión, ya que la juzgadora *a quo* entró a analizar todos los motivos de oposición alegados por el recurrente:

«(...) en el incidente del art. 776.4 LEC no sólo se puede dirimir el carácter o no extraordinario del gasto, sino también cabe en su seno determinar además de su pertinencia y conveniencia su exigibilidad en caso de no haber sido el gasto consensuado, porque la oposición que se prevé para el trámite de ejecución cuando se trata de motivos de fondo no prevé la inexigibilidad de la deuda reclamada entre los motivos recogidos en el art. 556 de la Ley Procesal Civil; y en cuanto a la oposición por motivos procesales, como se infiere del art. 559 LEC, se ciñe a los temas de legitimación, defectos del título o que no contenga la sentencia o laudo arbitral pronunciamiento de condena por no cumplir el documento presentado los requisitos legales exigidos para llevar aparejada ejecución, es decir se refiere a las partes y al título, pero no a la exigibilidad de la deuda».

CUESTIÓN

¿Qué ocurre cuando aun habiendo dudas sobre la naturaleza y cuantía del gasto que se reclama como extraordinario no se ha acudido al procedimiento recogido en el art. 776.4.ª de la LEC?

El auto de la Audiencia Provincial de Tarragona n.º 98/2022, de 11 de mayo, ECLI:ES:APT:2022:984A, entiende que en los casos en que fuese procedente acudir al incidente y no se hiciese, acudiéndose directamente a la ejecución, el ejecutado podría objetar su naturaleza y oponer la excepción de nulidad del despacho de ejecución:

«El incidente del art. 776-4 LEC no puede suscitarse en ejecución de sentencia. Es previo a la ejecución si existen dudas sobre la naturaleza de los gastos extraordinarios que se van a reclamar y su cuantía. Si se plantea directamente la ejecución, el Juzgado debe examinar el título en que se funda, en este caso una sentencia de modificación de medidas, y en su vista decidir. Puede ocurrir que se hayan contemplado en el convenio o en la sentencia, como ordinarios o extraordinarios, y la demanda ejecutiva se acompase a ello, en cuyo caso debe dar lugar a la ejecución.

Pero puede suceder que exista indeterminación o dudas sobre su naturaleza y cuantía. En ese caso, si no se ha acudido al incidente del art. 776-4 LEC al ejecutado se le abren dos posibilidades que pueden ser cumulativas. Objetar su naturaleza y/o bien oponer la excepción de nulidad del despacho de ejecución al amparo del art. 559.1.3.º LEC. La razón es muy sencilla. Se trata de una ejecución dineraria y debe por tanto ser la reclamada una cantidad líquida (art. 571 LEC). Si no se acudido al incidente previo la cantidad que se reclama no lo es y hay nulidad del título y del despacho de ejecución».

Legitimación en el incidente de determinación del gasto extraordinario

La legitimación activa para acudir a este incidente le corresponde al progenitor que ha realizado el gasto, ya sea el progenitor custodio o el no custodio.

Se plantea la cuestión de la legitimación del progenitor cuando el hijo ya ha cumplido la mayoría de edad, a lo que nuestros tribunales han dado respuesta en el sentido de entender que el progenitor custodio sigue teniendo legitimación cuando aún convivan con él.

En este sentido podemos citar, por ejemplo, el **auto de la Audiencia Provincial de Tarragona n.º 98/2022, de 11 de mayo, ECLI:ES:APT:2022:984A,** que recoge:

«La cuestión en torno a la legitimación del progenitor custodio para reclamar pensiones alimenticias en nombre del hijo mayor de edad, se resolvió, por el TS en sentencia de 24 de abril de 2000. El TS concluye que las medidas atinentes a los alimentos de los hijos mayores de edad referidas en el art. 93.2 CC (LA LEY 1/1889), se fundamentan, no tanto en el indudable derecho de los hijos a exigirlos, como en la situación de convivencia en que se encuentran respecto a uno de los progenitores, por lo que aprecia que tiene legitimación la madre con la que conviven para demandar del otro progenitor su contribución a los alimentos de aquellos hijos, en los procesos matrimoniales entre los comunes progenitores. En este sentido la sentencia del Tribunal de Justicia de Catalunya de 10 de mayo de 2018».

En el mismo sentido también el **auto de la Audiencia Provincial de Granada n.º 180/2021, de 2 de noviembre, ECLI:ES:APGR:2021:1468A:**

«(...) no porque la hija haya alcanzado la mayoría de edad, podrá considerarse privada a la progenitora con la que convive de la facultad de acudir a la vía del art. 776 de la LEC, por el carácter extraordinario de los gastos reclamados, aún a falta de consentimiento del progenitor; si bien, en este caso la valoración de los factores excluyentes del consentimiento del progenitor, deberá obedecer a patrones de más restrictividad que en el caso de los hijos menores de edad, en atención a la genérica acotación de la obligación de prestar alimentos en el caso de los hijos mayores de edad que, conforme a la STS de 24 de mayo de 2018, se extiende a los "... que sean indispensables para el sustento, habitación, vestido y asistencia médica, conforme al artículo 142 CC"; frente a la cobertura del mismo para los menores, que alcanza a "las circunstancias económicas y necesidades económicas de los hijos en casa momento". Todo lo cual se ajusta al criterio el seguido por esta Sala en resolución recaída en el rollo 125/2021, según la cual, "...establecida la continuidad de la legitimación del progenitor con el que convive el hijo una vez alcanzada la mayoría de edad para reclamar el pago de la pensión alimenticia, lo que habrá de plantearse es la exigibilidad al progenitor alimentante de contribuir a tales gastos que no sean expresa o tácitamente consentidos por el mismo, por lo que la adecuación al uso social en estos casos ha de examinarse con rigor añadido..."».

Oposición al incidente de determinación de un gasto extraordinario

Las causas más habituales de oposición a la declaración de un gasto como extraordinario suelen ser la falta de consentimiento al mismo, el abuso de derecho o la naturaleza del gasto, es decir, que no se trata de un gasto extraordinario, sino que entraría dentro de los gastos ordinarios cubiertos por la pensión de alimentos. Tal y como se recoge en el **auto de la Audiencia Provincial de Granada n.º 16/2022, de 7 de marzo, ECLI:ES:APGR:2022:436A:** «(...) planteada la disconformidad por el progenitor obligado al pago de alimentos, habremos de estar, en primer lugar, a su posible aceptación, expresa o tácita o, en su caso, a las consecuencias vinculadas, como actos propios, a la precedente conducta de aquél y, solo en caso contrario, a la concurrencia de los requisitos exigidos por reiteradísima jurisprudencia, como son su carácter necesario, esporádico, imprevisto y no provocado por la voluntad de quien lo reclama».

> **CUESTIÓN**
>
> **¿Puede apreciarse la compensación de deudas en este incidente?**
>
> No, al tratarse de un incidente en el que únicamente se pretende determinar si un gasto merece o no la consideración de extraordinario, no cabe que en el mismo se aprecie compensación y, en caso de que esta fuese procedente, deberá alegarse y analizarse en la oposición a la ejecución (auto de la Audiencia Provincial de Bizkaia, n.º 52/2022, de 19 de enero, ECLI:ES:APBI:2022:392A).

|| Oposición por falta de consentimiento

La **Audiencia Provincial de Ávila, en su auto n.º 59/2022, de 29 de junio, ECLI:ES:APAV:2022:215A,** se pronuncia sobre la necesidad de la notificación y del consentimiento al otro progenitor en los siguientes términos:

«Y es que ciertamente la mayoría de la jurisprudencia de las audiencias provinciales viene considerando destacable a estos efectos la necesidad de que el progenitor interesado en la acometida de un gasto extraordinario, sea o no el progenitor custodio, ponga en conocimiento cuanto menos la acometida del gasto, sin perjuicio de que, además, solicite el previo consentimiento del otro progenitor. **Siendo indudablemente necesaria la previa puesta en conocimiento del gasto, dando la oportunidad a ambas partes de decidir o no aceptarlo, o incluso proponer alternativas.** Cosa distinta es que la otra parte no lo consienta, pues en ese caso habrá que ver a que obedece dicha falta de consentimiento.

Lo anterior es necesario atendiendo, en primer lugar, por **razones de índole material**, al tratarse del ejercicio de la patria potestad sobre el menor que debe ser efectuado de manera conjunta por ambos progenitores. Y, en segundo lugar, de **índole económica**, porque el progenitor que decida unilateralmente emprender un determinado gasto, no puede posteriormente reclamar al otro progenitor si éste no tuvo oportunidad de opinar o proponer alternativas de gasto más adecuadas o menos gravosas para la economía familiar (SAP de Las Palmas, sección 3ª, de 16 de marzo de 2.006)».

La Audiencia Provincial de A Coruña recalca la importancia del consentimiento, al entenderlo vinculado al ejercicio de las funciones propias de la patria potestad, y así lo recoge en su **auto n.º 182/2021, de 14 de diciembre, ECLI:ES:APC:2021:1186A**:

«**El artículo 776.4 de la Ley de Enjuiciamiento Civil**, introducido por la Ley 13/2009, de 3 de noviembre, cuando preceptúa que "Cuando deban ser objeto de ejecución forzosa gastos extraordinarios, no expresamente previstos en las medidas definitivas o provisionales, deberá solicitarse previamente al despacho de ejecución la declaración de que la cantidad reclamada tiene la consideración de gasto extraordinario", **no excluye esa comunicación previa**. Lo que regula es la forma de obtener esa declaración cuando precisamente se hizo oposición a su consideración como gasto extraordinario. Pero ni siquiera sería el precepto aplicable cuando ese gasto deriva de una decisión de patria potestad. Por ejemplo, para resolver la oposición a que se someta a una ortodoncia en este momento, o a que lo haga un determinado especialista. Las divergencias en el ejercicio se solventan conforme a lo previsto en los artículos 85 y 86 de la Ley de Jurisdicción Voluntaria.

Necesidad de comunicación previa que no solamente está vinculada a la realización de un gasto extraordinario. Es que ese gasto normalmente será consecuencia de adoptar una decisión sobre el hijo sometido a patria potestad. Las decisiones sobre inscribirlo en unas u otras actividades extraescolares o deportivas, realización de viajes, llevarlos a psicólogos, o someterlos a ortodoncias, entran dentro del campo propio de las decisiones de la patria potestad que deben ser consensuadas. El custodio ostenta el poder de decisión para las cuestiones ordinarias (qué va a cenar hoy, comprarle ropa y similares), pero no para las que no tengan ese carácter y sí puedan afectar a la formación, salud o integridad del menor. El no custodio que ostenta la patria potestad no es un mero pagano. Ostenta también la patria potestad, y su opinión debe ser solicitada, respetada y tenida en cuenta para la correcta crianza, educación y cuidado de los hijos comunes».

La jurisprudencia menor en esta materia ha reiterado que no es imprescindible el consentimiento del otro progenitor en todos los casos, si no que basta con calificar el gasto como necesario para que el otro cónyuge venga obligado a sufragarlo en la proporción fijada; en este sentido el **auto de la Audiencia Provincial de Burgos n.º 360/2022, de 28 de noviembre, ECLI:ES:APBU:2022:516A**:

> «Este mismo criterio, se ha reiterado en resoluciones posteriores de esta misma Sala; v.gr., en Auto nº 280, de 30 de septiembre de 2.022: «Esta Sala se ha pronunciado ya en reiteradas ocasiones (por todas, auto de 3 de noviembre de 2016) señalando que no es imprescindible el consentimiento del otro cónyuge; basta con calificar el gasto como necesario para que el otro cónyuge venga obligado a sufragarlo en la proporción fijada, pues tratándose de un gasto necesario propio de la obligación alimenticia, no puede venir solo obligado el cónyuge que toma la iniciativa para subvenir a la necesidad del hijo común beneficiario de los alimentos. Si bien el acuerdo o comunicación previa entre los progenitores sobre la realización del gasto extraordinario, es una más que deseable práctica, especialmente cuando los gastos extras no son absolutamente urgentes y perentorios, sólo cuando el gasto no sea necesario en proporción a la situación económico social de la familia, podrá liberarse el otro cónyuge de su pago, si no lo ha consentido previamente»».

Por tanto, con relación a la **falta de consentimiento** es importante diferenciar en función del tipo de gasto al que nos referimos:

- Cuando se trata de **gastos necesarios** para el interés del menor, aun cuando de no ser urgente deberían notificarse al otro progenitor para que este pueda mostrar su consentimiento, en caso de no hacerse así podrán obtener igualmente la consideración de gastos extraordinarios.

- Sin embargo, en aquellos **gastos que se puedan considerar prescindibles**, aunque sean en interés del menor, sí se considera indispensable el consentimiento del otro progenitor para poder considerarlo como extraordinario.

Podemos citar aquí, por ejemplo, el **auto de la Audiencia Provincial de Córdoba n.º 28/2023, de 17 de enero, ECLI:ES:APCO:2023:45A**, que establece:

> «No obstante, esta Sala como ha hecho en anteriores ocasiones ha distinguido entre gastos necesarios para el interés del menor de aquellos otros que podríamos considerar prescindibles aunque sean en interés del menor, reservando exclusivamente para estos últimos la obligada concurrencia del consentimiento, de forma que de no concurrir no habría posibilidad de considerarlos como gastos extraordinarios a la hora de hacer partícipe al otro progenitor. Pero en los casos estrictamente necesarios para el menor y de los que no se podría prescindir sin afectar al menor desfavorablemente, no puede hacerse depender de ese consentimiento el que se considere gastos de ese tipo e imputación, pues sería como hacer depender de la voluntad del otro progenitor el que se reparta su importe,

lo que redundaría en detrimento del menor pues podría suceder que el progenitor guardador se retrayera de hacerlos, entre otras causas posibles, por falta de capacidad económica (...)».

También la **Audiencia Provincial de Valencia, en su auto n.º 185/2022, de 28 de marzo, ECLI:ES:APV:2022:2075A**, entiende que la falta de consentimiento puede salvarse con una valoración judicial en el incidente del art. 776.4.ª de la LEC: «La oposición se fundamenta en la falta de consentimiento, sin embargo, como dice la resolución recurrida, esta Sala ha considerado que **puede obtenerse, vía valoración judicial en el presente procedimiento**, a través de considerar o no justificada la falta de consentimiento con la realización del gasto. En ese sentido procede desestimar el motivo del recurso».

En último término también cabe citar aquí el **auto de la Audiencia Provincial de Granada n.º 10/2022, de 23 de febrero, ECLI:ES:APGR:2022:511A**, que siguiendo la misma línea recoge que: «Conforme a lo establecido en el art. 156 del Código Civil, no todo gasto que afronte uno solo de los progenitores en ejercicio de la patria potestad y que mereciera reputarse como extraordinario deberá someterse al previo consentimiento del otro, sino **solo aquellos que excedan del uso social o no respondan a situaciones de urgente necesidad**».

CUESTIONES

1. ¿Puede considerarse la firma de la autorización para un viaje al extranjero con un equipo de fútbol en el que juega el menor como un consentimiento para el gasto que supone?

Sí, puede considerarse el gasto como consentido tácitamente tal y como dispone el auto de la Audiencia Provincial de Granada n.º 56/2022, de 30 de mayo, ECLI:ES:APGR:2022:764A:

«(...) tampoco puede compartirse la exclusión del viaje para competir en Dublín con dicho equipo, teniendo en cuenta que se asume por el apelado que firmó la autorización para viajar conociendo el propósito del viaje, por lo que no puede tildarse su actitud de mero conocimiento, sino de consentimiento al gasto que, necesariamente, supone dicho traslado, puesto que también hemos puesto de relieve en estos conflictos la relevancia que ha de concederse a la tesis de los actos propios, de modo que aceptando la generalizada aplicación al caso de dicha tesis, según es admitida por multitud de AA.PP. (auto de la de Barcelona, Secc. 18ª de 15 de febrero de 2021, Madrid de 24 de enero de 2012, Cádiz de 12 de marzo de 2009 y de esta misma Sala de 13 de octubre de 2017), conviene precisar que, más bien, la figura que se nos presenta es la del consentimiento tácito por la concurrencia de actos concluyentes que, sin género de duda, conlleven la voluntad clara, manifiesta, inequívoca y terminante de asumir la obligación (STS de 26 de mayo de 1986) (...)».

2. La madre que tiene la custodia y con la que conviven los hijos ha enviado distintas cartas al padre comunicándole distintos gastos, pero este no las ha recogido. ¿Puede alegar falta de comunicación previa?

No, la Audiencia Provincial de Murcia, en su auto n.º 141/2022, de 5 de mayo, ECLI:ES:APMU:2022:1378A, resuelve en un caso similar entendiendo que ha sido el padre el que sistemáticamente se ha negado a recoger las cartas, por lo que no puede alegar falta de consentimiento cuando su actitud ha sido la de desentenderse de las necesidades de sus hijos y negarse a tratar las mismas.

3. Si el progenitor no custodio muestra su conformidad para una determinada actividad extraescolar, ¿debe volvérsele a solicitar consentimiento al año siguiente si el menor continúa con la actividad?

No, salvo revocación expresa del consentimiento, se entenderá prestado para cursos venideros. (Auto de la Audiencia Provincial de Granada n.º 16/2022, de 7 de marzo, ECLI:ES:APGR:2022:436A).

A TENER EN CUENTA. Tal y como se recoge en la **sentencia de la Audiencia Provincial de Ourense n.º 9/2023, de 13 de enero, ECLI:ES:APOU:2023:32**: «Reciente jurisprudencia, y así se viene recogiendo ya en las resoluciones judiciales, entiende que para considerar consentido un gasto extraordinario no es necesario que conste una contestación, sino que, comunicado el gasto o el inicio de la realización del mismo, **si el progenitor no realiza una respuesta en un plazo de 10 días, se entiende tácitamente consentido**. Es decir, no cabe que la ausencia en la manifestación de conformidad o no con la realización del gasto derive en una falta de obligación a asumir la parte que le corresponde del gasto, por cuanto la inactividad derivaría en un perjuicio permanente para el menor (no saber si puede o no llevar a cabo la actividad y para el progenitor que asume la organización del curso escolar y actividades extraescolares del menor. De forma, que **si consta que se ha realizado la comunicación del gasto y no consta la negativa fehaciente, el progenitor debe asumir la parte que le corresponde en el abono, por entender que lo asume tácitamente**».

|| Oposición por existir abuso de derecho

Con relación al **abuso del derecho,** hay que tener en cuenta que si bien como ya hemos visto la mayoría de edad de los hijos no extingue la obligación de alimentos, y se le reconoce la legitimación al progenitor conviviente para reclamarlos, esto se condiciona a que convivan con uno de los progenitores y no tengan ingresos propios o estén en disposición de obtenerlos conforme al principio de solidaridad familiar.

La **Audiencia Provincial de Tarragona, en su auto n.º 98/2022, de 11 de mayo, ECLI:ES:APT:2022:984A,** analiza los requisitos del abuso del derecho con el siguiente tenor literal: «Para apreciar abuso de derecho debe concurrir como señala la jurisprudencia: "a) uso de un derecho objetivo o externamente legal; b) daño a un interés no protegido por una específica prerrogativa jurídica; y c) la inmoralidad o la antisocialidad de este daño, manifestada en forma subjetiva, cuando el derecho se actúa con intención de perjudicar o sin un fin serio y legítimo, o bajo forma objetiva, cuando el daño proviene de causa de anormalidad en el ejercicio del derecho (entre otras, SSTS de 3 de noviembre de 1992, 5 y 15 de marzo de 1996 y 4 de julio de 1997)". (S.T.S. de 18 de noviembre de 2003)». Y concluye entendiendo que en el caso concreto sí existe abuso de derecho en la reclamación de los gastos extraordinarios ya que consta que los hijos están incorporados al mercado laboral, y aun cuando sus ingresos no sean suficientes para poder vivir de forma independiente sí que lo son para sufragar sus propios gastos.

‖ Oposición por la naturaleza del gasto

Otra causa de oposición común se encuentra en entender que los gastos deben de entenderse como ordinarios y, por tanto, cubiertos con la pensión de alimentos, sin que proceda reclamación de cuantía alguna a mayores.

Así, por ejemplo, en un supuesto en el que se reclamaban gastos de material escolar y seguro escolar, entre otros, la Audiencia Provincial de Ourense los entiende incluidos dentro del importe de la pensión de alimentos, al estar considerados como gastos ordinarios (**AAP Ourense n.º 140/2021, de 5 de octubre, ECLI:ES:APOU:2021:706A**).

Plazo de prescripción para reclamar los gastos extraordinarios

El plazo para poder reclamar los gastos extraordinarios sería el recogido en el art. 1964 del Código Civil, es decir, el plazo de 5 años.

> **A TENER EN CUENTA**. Este plazo fue modificado por la Ley 42/2015, de 5 de octubre, de reforma de la Ley 1/2000, de 7 de enero, de Enjuiciamiento Civil, que redujo el plazo para las acciones personales que no tengan plazo especial de 15 a 5 años.

Algunas audiencias entienden que no debe diferenciarse la prescripción de los gastos extraordinarios, de la de las pensiones de alimentos, teniendo esta última una regulación específica en el art. 1966.1.º del CC, en el que se establece un plazo de prescripción de 5 años. Con la actual redacción del art. 1964 del CC, en la que se establece el mismo plazo de 5 años, esta diferenciación únicamente tiene relevancia para los gastos extraordinarios anteriores al 7 de octubre de 2015. A este respecto la **Audiencia Provincial de Salamanca, en su auto n.º 86/2022, de 7 de julio, ECLI:ES:APSA:2022:91A**, recogía que:

> «(...) aun reconociendo que un sector doctrinal y jurisprudencial sostiene que, en esta sede, es de aplicación el art. 1964.2 del CC, dada la naturaleza extraordinaria de los gastos, la que, a priori, no permitiría incluir su prescripción (transcurso del tiempo sin reclamar el pago) dentro del plazo contemplado expresamente en el art. 1966, a la postre, no se entiende la razón de señalar y mantener un plazo prescriptivo distinto y privilegiado para los «gastos extraordinarios» (sólo corregido por la entrada en vigor de la Ley 42/2015 para las relaciones jurídicas nacidas después del 7-10-2015, al reducir el plazo de prescripción a cinco años del art. 1964.2 para las obligaciones personales), respecto al plazo de cinco años de prescripción de las acciones en exigencia del cumplimiento de la obligación de ... pagar pensiones alimenticias..., del art. 1966, 1ª, CC, cuando además de que aquellos y la pensión de alimentos que satisface los «gastos ordinarios», cumplen el mismo e idéntico fin de atender, de modo ineludible, las múltiples necesidades de cuidado, atención y desarrollo de los hijos menores o mayores dependientes económicamente, resulta que, en el supuesto enjuiciado, los gastos extraordinarios aquí objeto de ejecución, mayoritariamente, presentan un flagrante y obvio carácter periódico y regular en el tiempo, aun se estimen previsibles, etc.».

3.2. La ejecución de los gastos extraordinarios

Ejecución de los gastos extraordinarios

A la hora de ejecutar los gastos extraordinarios que ha asumido por completo uno de los progenitores hay que atender a lo establecido en el art. 776 de la LEC, que regula la ejecución forzosa de los pronunciamientos sobre medidas, teniendo en consideración que podrá acudirse directamente a presentar una ejecución cuando las partidas concretas que pretenden reclamarse aparecen expresamente reconocidas en las medidas, debiendo en caso contrario acudirse al incidente regulado en el art. 776.4.ª de la LEC.

En el artículo 776 de la LEC se parte de la afirmación de que los pronunciamientos sobre medidas se ejecutarán conforme a lo dispuesto en el libro III de la LEC, titulado: «De la ejecución forzosa y de las medidas cautelares» (arts. 517 y siguientes de la LEC), para a continuación regular determinadas especialidades.

La primera de estas especialidades consiste en que cuando el progenitor incumpla reiteradamente las obligaciones de pago que le correspondan, el letrado de la Administración de Justicia podrá imponerle multas coercitivas conforme a lo establecido en el art. 711 de la LEC.

Por su parte, la cuarta especialidad hace alusión al incidente previo, al que ya nos hemos referido, que debe solicitarse cuando el gasto extraordinario no aparezca expresamente previsto en las medidas definitivas o provisionales, debiendo en estos casos solicitarse la declaración de que la cantidad reclamada tiene la consideración de gasto extraordinario con carácter previo.

CUESTIÓN

Si no se alegó en la oposición a la ejecución el defecto procesal de no haber acudido al art. 776.4.ª de la LEC, ¿puede apreciarse de oficio?

El auto de la Audiencia Provincial de Teruel n.º 9/2022, de 22 de febrero, ECLI:ES:APTE:2022:18A, da la respuesta a esta cuestión entendiendo que si no se alegó en la oposición tampoco podrá alegarse en la apelación:

«(...) En principio, no deberían haberse admitido por el juzgado como ejecutables unas facturas presentadas por la esposa sin posibilitar posteriormente debate alguno sobre si son procedentes tanto las partidas incluidas en ellas como su cuantía, dictando directamente, sin más trámite, una resolución despachando ejecución sin siquiera un previo requerimiento de pago al deudor, quien puede incluso desconocer (en caso de no haber sido requerido extrajudicialmente) las cantidades que adeuda y por qué conceptos.

Ahora bien, una vez despachada ejecución por todas las cantidades y formulada la oposición por motivos de fondo, conforme al artículo 556.1 LEC, que fue estimada parcialmente, sin hacer valer el defecto procesal de falta de liquidez del pronunciamiento a ejecutar, tanto el Juzgado como esta Sala están limitados al estudio de las causas de oposición de fondo, las cuales no pueden ser atendidas por no corres-

ponderse con ninguno de los motivos de oposición legalmente establecidos para las ejecuciones de resoluciones judiciales.

Así, ni en primera instancia ni en esta alzada puede dejarse sin efecto la ejecución despachada (en cuanto a gastos extraordinarios) en la cantidad fijada en el auto recurrido, aun cuando no contenga la sentencia pronunciamiento de condena líquida respecto a estos puntos, por no haber sido solicitado».

3.3. El procedimiento del art. 156 del CC y su incidencia en los gastos extraordinarios

¿Cómo afecta a los gastos extraordinarios el procedimiento para resolver discrepancias relativas a la patria potestad?

El Código Civil prevé en el **párrafo tercero del art. 156** que los progenitores puedan tener desacuerdos en el ejercicio de la patria potestad, disponiendo que en estos casos podrá acudirse a la autoridad judicial para que atribuya la facultad de decidir a uno de ellos:

> «En caso de desacuerdo en el ejercicio de la patria potestad, cualquiera de los dos podrá acudir a la autoridad judicial, quien, después de oír a ambos y al hijo si tuviera suficiente madurez y, en todo caso, si fuera mayor de doce años, atribuirá la facultad de decidir a uno de los dos progenitores. Si los desacuerdos fueran reiterados o concurriera cualquier otra causa que entorpezca gravemente el ejercicio de la patria potestad, podrá atribuirla total o parcialmente a uno de los progenitores o distribuir entre ellos sus funciones. Esta medida tendrá vigencia durante el plazo que se fije, que no podrá nunca exceder de dos años. En los supuestos de los párrafos anteriores, respecto de terceros de buena fe, se presumirá que cada uno de los progenitores actúa en el ejercicio ordinario de la patria potestad con el consentimiento del otro».

A TENER EN CUENTA. Este artículo 156 del Código Civil ha sido modificado por la Ley 8/2021, de 2 de junio, con entrada en vigor el 03/09/2021.

La Ley de Jurisdicción Voluntaria dedica su artículo 86 a desarrollar este procedimiento, disponiendo que:

> «1. Se aplicarán las disposiciones de esta sección cuando el Juez deba intervenir en los casos de desacuerdo en el ejercicio de la patria potestad ejercitada conjuntamente por los progenitores. También serán de aplicación en los casos en que esté legalmente prevista la autorización o intervención judicial cuando el titular de la patria potestad fuere un menor de edad no emancipado y hubiere desacuerdo o imposibilidad de sus progenitores o tutor.

2. Será competente el Juzgado de Primera Instancia del domicilio o, en su defecto, de la residencia del hijo. No obstante, si el ejercicio conjunto de la patria potestad por los progenitores hubiera sido establecido por resolución judicial, será competente para conocer del expediente el Juzgado de Primera Instancia que la hubiera dictado.

3. Están legitimados para promover este expediente ambos progenitores, individual o conjuntamente. Si el titular de la patria potestad fuese un menor no emancipado, también estarán legitimados sus progenitores y, a falta de éstos, su tutor».

Si bien este procedimiento está pensado para resolver discrepancias en cuanto a decisiones que afectan a la patria potestad, y no en cuanto a los gastos que conllevan, existiendo distintas posturas en nuestras audiencias provinciales:

- Por una parte, algunas audiencias entienden que no cabe acudir a este procedimiento cuando lo que se pretende es el pago de un gasto, ya que para eso ya estaría el incidente del art. 776.4.ª de la LEC. Un ejemplo de esta postura lo encontramos en el **auto de la Audiencia Provincial de Ciudad Real n.º 204/2021, de 15 de noviembre, ECLI:ES:APCR:2021:1176A**, que recoge que:

«Con el escrito inicial, en el que promueve la actora «EXPEDIENTE DE AUTORIZACIÓN RELATIVA A LA PATRIA POTESTAD, termina interesando ... se conceda autorización del gasto extraordinario relativo al EXAMEN DE CAMBRIDGE como gasto extraordinario de los menores Marí Jose y Luis Pedro»; y ello por cuanto puesta en contacto con el progenitor paterno, haciéndole saber el importe de las matrículas para los exámenes de inglés, el padre ha contestado con un «no estoy de acuerdo».

Teniendo en cuenta que lo pretendido por la actora es poder reclamar ese gasto, lo que procede es acudir al incidente previsto en el art. 776.4ª LEC, con el que: "Cuando deban ser objeto de ejecución forzosa gastos extraordinarios, no expresamente previstos en las medidas definitivas o provisionales, deberá solicitarse previamente al despacho de ejecución la declaración de que la cantidad reclamada tiene la consideración de gasto extraordinario. Del escrito solicitando la declaración de gasto extraordinario se dará vista a la contraria y, en caso de oposición dentro de los cinco días siguientes, el Tribunal convocará a las partes a una vista que se sustanciará con arreglo a lo dispuesto en los artículos 440 y siguientes y que resolverá mediante auto". Este procedimiento incidental tiene por objeto declarar, antes de ser objeto de ejecución forzosa, que la cantidad que se vaya a reclamar tiene la consideración de gasto extraordinario.

(...) No estamos en presencia de un conflicto en el ejercicio de la patria potestad, sino de asunción de gastos extraordinarios, previo el consentimiento prestado, según pacto».

El **auto de la Audiencia Provincial de Valencia n.º 121/2025, de 24 de febrero, ECLI:ES:144A**, por su parte establece:

«El artículo 776.4 de la LEC regula el procedimiento para la declaración de gastos extraordinarios en estos términos: «Cuando deban ser objeto de ejecución forzosa gastos extraordinarios, no expresamente previstos en las medidas definitivas o provisionales, deberá solicitarse previamente al despacho de ejecución la declaración de que la cantidad reclamada tiene la consideración de gasto extraordinario. Del escrito solicitando la declaración de gasto extraordinario se dará vista a la contraria y, en caso de oposición dentro de los cinco días siguientes, el Tribunal convocará a las partes a una vista que se sustanciará con arreglo a lo dispuesto en los artículos 440 y siguientes y que resolverá mediante auto.» (el subrayado es nuestro). **Esto supone que el auto que resuelva este incidente ha de pronunciarse sobre unos gastos concretos, que han de venir especificados y acreditados por la parte demandante en su reclamación, sin que sean admisibles pronunciamientos genéricos que no se correspondan con gastos específicos, ya que la finalidad de este procedimiento es el de determinar una cuantía concreta que se pueda reclamar posteriormente por vía ejecutiva.** Y, en este sentido, el recurso debe ser estimado. Con la demanda no se aportaron los documentos (facturas, recibos...) en los que se reflejaran los gastos odontológicos que se señalaban en la demanda (y que se cuantificaban en 1244 euros) y, cuando la parte demandada fundó su oposición en esa circunstancia de no haberse acreditado los gastos reclamados, la parte ejecutante tampoco la aportó el día de la vista, pretendiendo hacerlo posteriormente mediante la presentación extemporánea con un escrito que le fue inadmitido por providencia de 5-12-2023. En consecuencia, si no existe constancia de la existencia de los gastos de odontología, resulta improcedente declararlos como extraordinarios a los efectos del artículo 776.4 LEC, lo que debe llevar a su exclusión, con estimación del recurso en este punto».

- Sin embargo, hay audiencias provinciales que siguen la corriente contraria y entienden que en este procedimiento podría perfectamente resolverse sobre el coste del gasto extraordinario. Como ejemplo, podemos citar el **auto de la Audiencia Provincial de Bizkaia n.º 1515/2019, de 24 de septiembre, ECLI:ES:APBI:2019:1638A**, que establece:

«20.- No hay inconveniente serio para que se pueda resolver en este incidente la cuestión del coste de las extraescolares. Ha habido oportunidad de alegar y probar, como hubiera ocurrido con el incidente del art. 776.4º de la Ley 1/2000, de 7 de enero, de Enjuiciamiento Civil (LEC). Ese incidente consiste en petición de una parte, oposición de otra y convocatoria a vista del art. 440 LEC. Es semejante, por tanto, a la previsión del art. 85 de la Ley 15/2015, de 2 de julio, de la Jurisdicción Voluntaria (LJV), que previene solicitud, citación a comparecencia, práctica de prueba y resolución para resolver de la discrepancia sobre el ejercicio de la patria potestad del art. 86 LJV.

21.- Como no se ha privado a las partes de oportunidades procesales por usar el cauce del art. 156-2º CCv, cabe resolver sobre la naturaleza del gasto (...)».

4.
ANÁLISIS JURISPRUDENCIAL DE LA DETERMINACIÓN DE GASTOS COMO ORDINARIOS O EXTRAORDINARIOS

¿Cuál es la postura de los tribunales en relación con los gastos extraordinarios?

Debido a la amplia casuística que se da en relación con los gastos extraordinarios y a la imposibilidad de especificar todos los supuestos en el convenio o sentencia que regule las medidas, resulta de vital relevancia conocer la postura de los tribunales a la hora de considerar un gasto como extraordinario o no, e incluso, su consideración como gasto necesario o no.

Analizaremos lo que han determinado los tribunales acerca de la consideración como gastos ordinarios o extraordinarios de los:

- Gastos escolares de inicio de curso: matrículas, libros, material, uniforme...
- Otros gastos escolares: comedor, transporte escolar, AMPA...
- Gastos de escuela infantil.
- Gastos de estudios universitarios.
- Gastos de estudios superiores (máster).
- Gastos por clases de refuerzo escolar.
- Gastos de actividades extraescolares: deporte, idiomas, música…
- Gastos sanitarios de especialidades médicas: dentista (ortodoncia, limpiezas bucales), logopedas, gafas, psicólogo, algún tipo de cirugías estéticas…
- Gastos sanitarios: vacunas.
- Gastos de seguros de salud privados.
- Gastos farmacéuticos.

- Gastos de campamentos y viajes (incluidos viajes de estudios).
- Gastos por celebraciones: cumpleaños, comuniones…
- Gastos derivados de la obtención del permiso de conducir.
- Gastos derivados de la compra de un ordenador.

4.1. Gastos escolares: matrículas, libros, material, uniforme, comedor, transporte, AMPA y escuela infantil

Análisis jurisprudencial sobre la determinación como gastos ordinarios o extraordinarios de gastos escolares

Gastos escolares de principio de curso: matrículas, libros, material, uniforme…

En este punto, y ante las distintas posturas que mantenían las audiencias, el Tribunal Supremo se ha pronunciado sobre los gastos escolares que se producen a principio de curso, tales como matrículas, material escolar, libros de texto, uniformes… En el sentido de entender que los mismos deben ser considerados como **gastos ordinarios** ya que se trata de gastos previsibles y periódicos. Este pronunciamiento es claro y no deja lugar a la interpretación, lo que cerró la vía a poder reclamar estos gastos como extraordinarios. Véase a este respecto la **STS n.º 579/2014, de 15 de octubre, ECLI:ES:TS:2014:4438**:

> «1. Los gastos causados al comienzo del curso escolar de cada año son gastos ordinarios en cuanto son gastos necesarios para la educación de los hijos, incluidos, por lo tanto, en el concepto legal de alimentos. Sin esos gastos los hijos no comenzarían cada año su educación e instrucción en los colegios. Y porque se producen cada año son, como los demás gastos propios de los alimentos, periódicos (lo periódico no es solo lo mensual) y, por lo tanto, previsibles en el sí y aproximadamente en el cuánto.
> 2. La consecuencia es obvia: son gastos que deben ser tenidos en cuenta cuando se fija la pensión alimenticia, esto es, la cantidad que cada mes el cónyuge no custodio debe entregar al cónyuge custodio como contribución al pago de los alimentos de los hijos comunes».

Otros gastos escolares: transporte escolar, comedor, AMPA…

Los gastos que suponen el comedor, transporte escolar, AMPA, etc., han sido objeto de análisis por nuestros tribunales, concluyendo que los mismos son gastos periódicos y previsibles, por lo que deben de entenderse incluidos en la pensión de alimentos como **gastos ordinarios**, salvo que expresamente se acuerde lo contrario.

En este sentido podemos citar por ejemplo la **sentencia de la Audiencia Provincial de Barcelona n.º 568/2014, de 19 de septiembre, ECLI:ES:APB:2014:9430**, que con relación al comedor especifica que:

> «El coste del servicio de comedor de la menor Zulima, de 9 años de edad, que oscila entre 124 a 135 euros mensuales, ha de comprenderse en el concepto de pensión de alimentos en el sentido contenido en el artículo 237.1 del Código Civil de Cataluña, por lo que ha de ser tenido en cuenta junto al resto de las necesidades que el precepto señala dentro del ámbito de la prestación alimenticia, y no fuera de la misma como pretende la parte recurrente en apelación.
>
> Entendiéndolo ello así no procede deslindar de la pensión de alimentos el gasto de comedor escolar, sino que ha de comprenderse en la misma (...)».

Asimismo, el **auto de la Audiencia Provincial de Cádiz n.º 39/2023, de 8 de febrero, ECLI:ES:APCA:2023:75A**, se pronuncia también sobre el carácter ordinario de estos gastos:

> «Se viene interpretando por la doctrina de las Audiencias Provinciales, y esta Sala también así lo hace, como se recoge en el Auto nº 249/2019, de 29 de noviembre, que como norma general son gastos ordinarios usuales e incluidos en la pensión alimenticia de los menores los de vestido, de educación (recibos que expida el centro educativo, matrícula, seguros, AMPA), material escolar, transporte, uniformes, libros, aula matinal, comedor, o similares, gastos estos excluidos por tanto de su consideración como extraordinarios, salvo que se incluyan en la sentencia como tales, o bien cuando por acuerdo entre las partes los incluyan dentro del mismo concepto. Y por la misma razón la Sala viene declarando que tienen la consideración de extraordinarios los que no estén cubiertos por el sistema de Seguridad Social o por compañía privada de seguro.
>
> No obstante, ello no impide que las partes en convenio regulador puedan acordar el abono al cincuenta por ciento de otros gastos que no revistan el carácter de extraordinarios».

CUESTIÓN

¿Qué ocurre con el comedor cuando existe una custodia compartida? ¿Se considera gasto extraordinario?

La sentencia de la Audiencia Provincial de Girona n.º 382/2007, de 23 de octubre, ECLI:ES:APGI:2007:1945, da respuesta a esta cuestión en un supuesto en el que se ha establecido una custodia compartida con relación a uno de los hijos, y una custodia materna a favor de otro, entendiendo la sala que en el caso de la custodia materna se entiende el gasto como ordinario e incluido por tanto en la pensión de alimentos, mientras que en el caso de la custodia compartida se tratará como un gasto extraordinario: «(...) Ahora bien, resulta que ambos deberían satisfacer los alimentos in natura, sin embargo el hijo come en el comedor escolar, por lo que lo lógico es que ambos pagasen una semana uno y otro semana otro, aunque como ello sería difícil de realizar, debe considerarse el comedor escolar del hijo Carlos Miguel como si se tratase de un gasto extraordinario a pagar por mitad. No así respecto del comedor de la hija que debe pagarlo la Sra. Sonia con la pensión que recibe».

En el mismo sentido, la **sentencia de la Audiencia Provincial de Madrid n.º 419/2022, de 30 de mayo, ECLI:ES:APM:2022:8303**:

«(...) Sin embargo, sí debe aclararse que el comedor escolar debe ser abonado al cincuenta por ciento entre ambos progenitores dado que tienen una custodia compartida semanal y por idéntico criterio, los gastos que se generen por la estancia con cada uno de ellos, como gastos de comida, ropa y enseres para cada casa, y gastos de escasa cuantía (ej. regalos de cumpleaños, material escolar que no sea el de inicio de curso...) deberán ser abonados por cada progenitor».

|| Gastos de escuelas infantiles (guarderías)

Con relación a los gastos de guardería no existe una jurisprudencia unánime, sino que las audiencias se han pronunciado en diferentes sentidos:

- Considerando que el pago de la guardería debe incluirse dentro de los **gastos ordinarios** a los que debe hacerse frente con la pensión de alimentos se ha pronunciado, por ejemplo, la Audiencia Provincial de Soria que en su **sentencia n.º 6/2007, de 11 de enero, ECLI:ES:APSO:2007:6**, recoge que:

  «Pues bien, con fundamento en estos parámetros, convenimos que el gasto mensual de guardería, que asciende a 80 €, no es un gasto extraordinario, debiendo ser incluido dentro de la noción de educación e instrucción del alimentista, que incluye el concepto de alimentos del artículo 142 CC».

  Más contundente se muestra la Audiencia Provincial de Valladolid, que en su **sentencia n.º 376/2011, de 12 de diciembre, ECLI:ES:APVA:2011:1726**, recoge que:

  «(...) los **gastos de educación vienen expresamente incluidos en el concepto de alimentos** del artículo 142 del Código Civil que recoge los que pueden ser considerados propiamente como alimentos ordinarios, sin que tampoco conste acuerdo al respecto de los padres para conferir a dicho gasto una naturaleza diferente, y ciertamente la asistencia a guardería, pese a no ser una fase de instrucción educacional obligatoria, sí debe entenderse como un gasto de carácter propiamente educacional; además acontece que ya en la resolución recurrida al hacerse una enumeración de las necesidades del menor con objeto de fijar la pensión alimenticia ordinaria se incluye por la Juez de Instancia de forma expresa el coste de la guardería del menor.

  Por último, en modo alguno se desprende el carácter extraordinario del gasto devengado por el hecho de la asistencia a una guardería en temprana edad porque dicha asistencia no constituya una fase de la enseñanza obligatoria, ya que no es extraordinario todo gasto educativo que no resulte gratuito, por lo que no puede ser tenida en consideración ni producir el efecto pretendido la tesis del recurso, puesto que no toda prestación educacional no gratuita será considerada como extraordinaria, sino solamente aquélla que siendo necesaria resulte inusual, imprevisible o que exceda de lo habitual, pues de lo contrario no tendría sentido la especificación del gasto de dicha entidad como de "extraordinario", y lo cierto es que esas características no concurren en el supuesto que nos ocupa».

- En sentido contrario, la Audiencia Provincial de Cáceres en su **sentencia n.º 619/2022, de 13 de septiembre, ECLI:ES:APCC:2022:849**, sí incluye el gasto de guardería como un **gasto extraordinario**:

    «El octavo de los motivos del Recurso de Apelación acusa error en la proporción establecida sobre el abono de los gastos extraordinarios de la hija menor; haciendo expresa referencia a los gastos de guardería (que, **indudablemente, es un gasto extraordinario**) para cuando la menor acuda a la misma y al que habría de subvenirse. En este sentido, la Sentencia recurrida acuerda lo siguiente: "Los gastos extraordinarios de la menor serán sufragados al cuarenta por ciento por la madre y al sesenta por ciento por el padre, incluyéndose en este concepto: gastos quirúrgicos, odontológicos, matrícula escolar, material escolar, comedor escolar, actividades extraescolares, seguro médico privado y otros cualesquiera de similar carácter". En este sentido, debemos apuntar —solo como premisa inicial— que este pronunciamiento no contiene un elenco cerrado de gastos extraordinarios, sino abierto, sin que exista inconveniente alguno para que pudieran incluirse otros (a través del Incidente que contempla el artículo 776.4 de la Ley de Enjuiciamiento Civil), como podrían ser los de guardería de la menor. No obstante, lo que pretende la parte actora apelante, en este postrer motivo de la Impugnación, es que se determine que el padre suma la obligación de abonar los gastos extraordinarios en su totalidad».

> **CUESTIÓN**
>
> **Si en el convenio firmado por las partes se incluye como gasto extraordinario el de guardería, ¿podría entenderse que el gasto posterior de un colegio concertado también se consideraría extraordinario?**
>
> No, la Audiencia Provincial de Valencia, en su auto n.º 176/2022, de 21 de marzo, ECLI:ES:APV:2022:2142A, recoge que: «(...) Si hubieran pactado que los gastos de guardería y escolares o de educación serían abonados por mitad, esos gastos incluirían los reclamados incluso podrían abarcar los de la Universidad. Pero solo pactaron guardería. Los gastos objeto de reclamación consistentes en facturas de comedor, seguro escolar, material escolar, actividades escolares y uniforme, no pueden asimilarse a los gastos de guardería, y ello por cuanto siendo fácil que en los convenios se abone por mitad los gastos de guardería ello se debe mayoritariamente a que constituye un gasto excepcional desde el punto de vista cuantitativo, en relación con lo que luego supone el costo de la educación pública o concertada. Solo en el caso de que los gastos de educación se asuman por mitad, procedería considerar escolares, dentro del concepto de educación, los reclamados, y a tal fin al parecer se ha formulado la oportuna demanda de modificación de medidas. Pero lo cierto es que no habiéndose pactado así, los referidos gastos deben ser considerados ordinarios de conformidad con la doctrina del Tribunal Supremo (...)».

- Postura distinta es la mantenida por la Audiencia Provincial de Bilbao en el **auto n.º 2191/2020, de 17 de noviembre, ECLI:ES:APBI:2020:1749A**, en el que no consideran los gastos de guardería como ordinarios, pero tampoco como un gasto extraordinario necesario, sino que para poder exigir su pago requeriría un previo acuerdo previo:

    «La norma aclara, por tanto, que hay gastos de los hijos que no están comprendidos en el concepto de alimentos ordinarios, pero que por ello no necesariamente son extraordinarios. Lo serán si las partes lo convienen así, pero de no hacerlo, como sucede en este caso, son simples gastos voluntarios que atenderá quien decidió afrontarlos, sin poder exigirla cooperación del otro progenitor, pues no responden a «necesidades imprevisibles e indeclinables», como las califica la norma.

16.- El apelante explica que la beca obtenida para la guardería resulta insuficiente para atender la totalidad del coste que supone. Tal circunstancia, sin embargo, no transforma en necesario el gasto, por lo que falta uno de los requisitos para que pueda calificarse el gasto como extraordinario, que sea necesario. También cita el recurso la STS 500/2017, de 13 septiembre, rec. 2950/2016, ECLI:ES:TS:2017:3277, pero de ésta no cabe deducir que el gasto de guardería haya de considerarse necesario. Es ciertamente, transitorio, como sostiene el recurso, hasta que se escolarice al menor, pero esto no lo convierte automáticamente en extraordinario, puesto que a falta de acuerdo de los progenitores, lo que no se reputa es necesario».

4.2. Gastos de estudios universitarios y estudios superiores

Análisis jurisprudencial sobre la determinación como gastos ordinarios o extraordinarios de gastos de estudios universitarios

|| Gastos de estudios universitarios

Nuevamente nos encontramos con un tema en el que las audiencias provinciales han adoptado posturas distintas, entendiendo algunas que los gastos de estudios universitarios no son previsibles y que por tanto deberían ser considerados como un gasto extraordinario, y otras que los entienden incluidos en los gastos ordinarios por entrar dentro de los relativos a la educación. Si bien en la actualidad se consideran como gastos ordinarios los estudios en una universidad pública, siendo más debatida la consideración de los gastos generados por los estudios en una universidad privada.

Tal y como recoge la **Audiencia Provincial de Barcelona en su auto n.º 170/2022, de 20 de mayo, ECLI:ES:APB:2022:6288A**, la postura mayoritaria con relación a los gastos universitarios pasa por diferenciar entre los cursados en una universidad pública, y los cursados en una universidad privada:

«Cuarto.- Los Tribunales, y en concreto esta Sala, vienen considerando que continúan a cargo de la pensión ordinaria los gastos de formación universitaria cuando se cursan en un **centro público,** pues su coste puede ser similar al que se devengaba por los estudios de bachillerato o formación profesional, pero no así cuando se accede a una **Universidad privada,** pues su coste es muy superior y supone una opción en la que ambos progenitores deben estar de acuerdo, en tanto les altera su respectiva organización económica que es precisamente la que se contempla para fijar la pensión ordinaria. Por esta razón los costes de una universidad privada se consideran gastos extraordinarios, porque lo ordinario es que se acceda a la universidad pública; del mismo modo que se considera extraordinario cursar estudios en el extranjero o en otra ciudad con el incremento del coste del alojamiento y los transportes».

En la línea mayoritaria de considerar los gastos universitarios como ordinarios podemos destacar a la Audiencia Provincial de Cádiz, que en su **auto n.º 161/2018, de 13 de julio, ECLI:ES:APCA:2018:623A**, con relación a la matrícula de la universidad dice que no se trata de un gasto extraordinario: «(...) En cualquier caso, debe compartirse con la Juzgadora de Instancia, pese al exceso, que **se trata de gastos periódicos y previsibles, que no se corresponden con el concepto de gastos extraordinarios**». Esta misma audiencia en su **auto n.º 282/2022, de 20 de diciembre, ECLI:ES:APCA:2022:720A**, lo justifica de la siguiente manera:

> «La anterior doctrina vino a ser aplicada por la sentencia 557/2016, de 21 de septiembre, que en aplicación de ella, declaró que «los gastos escolares deben entenderse como ordinarios e integrados en el concepto de alimentos, por lo que a la hora de computar éstos los operadores jurídicos deberán tener en cuenta el prorrateo de los gastos de inicio del curso escolar [...]».

> En consecuencia, **los gastos universitarios son ordinarios y están incluidos en la pensión de alimentos, por ser previsibles, periódicos e indispensables**. No obstante, en función de las circunstancias, **pueden presentar peculiaridades**, pues, a veces, comportan nuevas necesidades tanto de estancia como de desplazamiento, lo **que obligará a determinar para su adecuación, una modificación de la pensión alimenticia** y de su cuantía para adaptar aquella a las nuevas necesidades, ordinarias, que han de ser cubiertas, cuando los hijos alcanzan la Universidad y no se llega a un acuerdo para poder sufragarlas, lo que en modo alguno puede conllevar la consideración de dichos gastos como extraordinarios y menos imponer su pago por mitad a la otra parte sin haber comunicado siquiera dicha situación. Por lo expuesto, ha de deducirse de lo reclamado los gastos que se dicen extraordinarios de Universidad y alquiler para dichos estudios, que se enmarcan dentro de los gastos ordinarios a satisfacer con la pensión alimenticia establecida que bien pudo la parte, lo mismo que ahora los reclama, solicitar una ampliación de la pensión alimenticia para poder afrontarlos. En cuanto a los gastos académicos y escolares hemos de partir de la estipulación quinta del convenio regulador suscrito entre las partes, que somete su pago al conocimiento y consentimiento del ejecutado (...)».

Asimismo, la **sentencia de la Audiencia Provincial de Burgos n.º 112/2025, de 4 de abril, ECLI:ES:APBU:2025:267**, señala:

> «A falta de acuerdo expreso de las partes sobre el carácter ordinario o extraordinario de determinados gastos, hemos de considerar que los gastos universitarios (matricula, residencia), junto a los estrictamente de vestido y alimentos, en aplicación del artículo 142CC antes referido y dada su previ-

sibilidad, tienen carácter ordinario, por lo que resulta adecuado establecer el importe de la contribución alimenticia por todos esos conceptos y no por referencia a un porcentaje de contribución como gastos extraordinarios».

La **Audiencia Provincial de Jaén, en su auto n.º 254/2022, de 16 de junio, ECLI:ES:APJ:2022:613A,** resalta la importancia de atender a la capacidad económica que pueda tener el progenitor para asumir el coste de los estudios universitarios:

«Lo mismo se puede decir de los gastos de manutención y alojamiento que se reclaman en su caso de forma subsidiaria, pues además de que tanto estos como los anteriores, como se alega, podían haberse evitado por más que se trate de justificar la necesidad ineludible de cursar estudios en la Universidad Privada por la baja nota de corte obtenida en selectividad; baste comprobar el listado de Universidades Públicas aportadas por el apelado —más de 35— y constatar que muchas de ellas o no piden nota de corte o esta escasamente ronda los 6 puntos; o la posibilidad también acreditada de cursar los mismos estudios en la localidad de DIRECCION002 a través de la UNED, que no precisa de esa nota de corte, para concluir que tal necesidad no es tal.

Por otro lado, **una cosa es que los progenitores hayan de procurar la formación integral de los hijos y otra es que por la asimetría de su capacidad económica, uno de ellos pueda vincular al otro a efectuar desembolsos por encima de sus posibilidades** —art. 146 Cc—, cuando como ocurre en el supuesto de autos, se pueden facilitar los mismos estudios superiores sin tener que efectuar desembolsos que pudieran dar lugar a que el alimentante tuviera dificultades para atender sus propias necesidades, y cuando además esos gastos de alojamiento y de manutención extraordinarios no tendría que devengarse al haber acogido otras opciones como las expuestas, y que en todo caso, como se alega de contrario, incluso podrían ser suficientemente sufragados por la beca finalmente obtenida de 2.466,36 €, más la pensión que deben ambos progenitores sin exigir otra aportación.

(...)

En el mismo sentido nos pronunciábamos ya en sentencia de 15 de marzo de 2.015, R.A. 2/15, dictada en procedimiento de modificación de medidas, en la que razonábamos "Ahora bien, lo que ocurre es que aun siendo deseable el que los hijos pudieran completar siempre una formación superior para su futuro, ello no siempre es posible atendidas las posibilidades económicas de los progenitores, siendo así que no sólo aquellas necesidades de educación será el único parámetro a tener en cuenta, sino también y en combinación con las mismas, esa capacidad económica para fijar la cuantía de la pensión o como aquí se pretende el incremento de la misma, sin que lógicamente éste se pueda acordar a costa de la desatención de las necesidades de subsistencia del alimentante"».

Por su parte, la **Audiencia Provincial de Sevilla, en su auto n.º 86/2022, de 2 de marzo, ECLI:ES:APSE:2022:1231A,** sí considera los gastos universitarios de una universidad privada como extraordinarios.

«4-1 Entrando en el fondo del asunto, es decir, la consideración o no como gasto extraordinario del coste de la universidad privada, partimos de una premisa fáctica: la matricula en dicho centro vino motivada por la insuficiencia de las notas del hijo común para acceder a la universidad pública, que fue la primera opción.

De este extremo se desprende que **la matricula es ajena a la voluntad de la madre o del hijo y que ha venido impuesta por las circunstancias.**

En segundo lugar, se desprende el carácter de imprevisible del gasto extraordinario, puesto que, solo tras el rechazo de la solicitud de acceso a la universidad pública, se comunica al hijo que puede matricularse en una privada. Es decir, no puede alegarse que el gasto pudo preverse y que debió acudirse a un procedimiento de modificación de medidas. De hecho, si se hubiera hecho así, el transcurso del tiempo necesario para obtener resolución firme hubiera perjudicado gravemente no solo a la formación académica del hijo sino a las expectativas del apelante, puesto que el retraso en la formación de su hijo y correlativa incorporación al mercado laboral supone un incremento de pago de la pensión alimenticia.

4-2 Llegados a este punto, debemos añadir que el gasto en universidad puede ser considerado necesario si responde a las expectativas familiares y las previsiones de los progenitores. En este caso, ha quedado claro que ambos padres estaban de acuerdo en que el hijo cursara bachillerato, realizara la EBAU y se matriculara en la universidad. Todos estos hechos tuvieron lugar con el conocimiento y consentimiento de los padres, de lo que puede deducirse sin dificultad que, en su representación mental, los estudios universitarios se presentaban como necesarios en el proceso de formación de su hijo».

También la **Audiencia Provincial de Valencia, en su auto n.º 324/2022, de 6 de junio, ECLI:ES:APV:2022:590A,** justifica la inclusión de los gastos de matrícula en una universidad privada como un gasto extraordinario en los siguientes términos:

«(...) sobre la consideración como gasto extraordinario del correspondiente al primer curso en una universidad privada, en supuestos semejantes al aquí examinado, en el que tras conocer la nota obtenida para acceder a la universidad la misma no permite el acceso a un centro público, lo que lleva a adoptar el gasto sin tiempo para valorar la conveniencia de modificar la pensión de alimentos en un procedimiento de modificación de medidas».

Sin embargo, la Audiencia Provincial de A Coruña, en su **sentencia n.º 111/2022, de 4 de abril, ECLI:ES:APC:2022:1005,** realiza un amplio análisis sobre los gastos de la universidad, entendiendo que son ordinarios tanto los gastos de estudiar en una universidad pública como privada, lo que conlleva que los mismos no deban reclamarse como gasto extraordinario, sino en su caso mediante una modificación de medidas si se considera que los gastos se han visto aumentados:

«(...) el gasto universitario no es un gasto extraordinario, dado que no se cumplen los requisitos de ese tipo de gastos. Los gastos universitarios no son un gasto imprevisible, se sabe cuándo se va a producir y son gastos periódicos. Y, en este sentido, ha de atenderse a la jurisprudencia establecida por el Tribunal Supremo en sentencias, como la STS 579/2014, de 15 de octubre, que establece que los gastos extraordinarios son aquellos que «reúnen características bien diferentes a las propias de los gastos ordinarios. Son imprevisibles, no se sabe si se producirán ni cuando lo harán, en consecuencia, no son periódicos».

En este sentido también se pronuncian las Audiencias en diferentes resoluciones, como, por ejemplo, la sentencia 835/2011 de 20 de julio, de la Audiencia Provincial de Madrid, sección vigesimocuarta, o, el Auto 148/2011 de 6 de mayo, de la sección vigesimosegunda de la citada Audiencia Provincial de Madrid. En todas ellas, se establecen los mismos requisitos que señala el Tribunal Supremo para entender que un gasto es extraordinario, estableciendo en todas ellas que para que, este tipo de gastos se asuman ha de ponerse en conocimiento previo para obtener del otro progenitor el consentimiento para realizarlos o en su defecto debe acudirse a la decisión judicial.

En conclusión, **los gastos universitarios derivados de realizar estudios en una Universidad privada no pueden entenderse como gastos extraordinarios** atendiendo a los requisitos señalados tanto por el Tribunal Supremo, como por las Audiencias. Por lo tanto, no cabe exigir el conocimiento previo de tal gasto para solicitar el consentimiento del progenitor».

En un sentido radicalmente opuesto y siguiendo una línea minoritaria, la **sentencia de la Audiencia Provincial de Ibiza n.° 479/2014, de 22 de diciembre, ECLI:ES:APIB:2014:2182**, consideró que debían incluirse como extraordinarios los gastos que se generan por los estudios universitarios de los hijos, por no considerar justo que sea la madre la que asuma todo el coste:

> «(...) resulta también un evidente desequilibrio para la Sra. Herminia que ésta deba abonar en su totalidad los gastos de manutención, viajes y estancia de las hijas en la ciudad en la que cursan estudios universitarios, así como la totalidad del importe de éstos, por lo que debe revocarse la sentencia del Juzgado en un solo punto y en el siguiente sentido: **incluir en el ámbito de los gastos extraordinarios**, además de los señalados por la juzgadora, **los gastos propiamente generados por los estudios universitarios**, como son los de matrícula, equipamiento como libros, cuadernos y demás elementos necesarios para realizarlos, así como los viajes precisos para desplazarse a la localidad donde estudian las hijas y los de vuelta a Palma de Mallorca, a los que el Sr. Bernardino tendrá que contribuir en un cincuenta por ciento. Pero han de excluirse para evitar duplicidades los gastos de estancia y manutención en la localidad en que radica la Universidad en la que las hijas completan su formación universitaria».

La consideración de los gastos universitarios como extraordinarios también se sostiene en el **auto de la Audiencia provincial de Cáceres n.° 35/2025, de 13 de febrero, ECLI:ES:APCC:2025:186A**, que señala:

> «Por lo que hace a los gastos universitarios, se reclaman en el presente procedimiento junto a los gastos relativos al pago de matrícula en la DIRECCION002 , a los que nos hemos referido, los gastos de arrendamiento de vivienda en Cáceres para el periodo universitario (5.890,80 euros),

que incluyen también el abono de los gastos reclamados en concepto de electricidad (225,93 euros) y gas (148,72 euros). La recurrente discrepa de la decisión de instancia cuando en ella se afirma que no pueden ser considerados como extraordinarios porque no gozan de las notas de imprevisibilidad y falta de periodicidad, además de no haber sido acreditados por la ejecutante.

En opinión de esta Sala, cuando los **hijos continúan su formación con una enseñanza no obligatoria en aras de procurar y obtener su posterior acceso al mercado laboral, este gasto, claramente beneficioso para los mismos, gozará de la consideración de extraordinario en tanto no haya sido previsto y computado en la pensión alimenticia.** (...)

Como hemos expuesto, es criterio de este Tribunal (entre otros, el Auto 429/2023, de 16 de febrero) considerar como **gastos extraordinarios los producidos como consecuencia del inicio del curso escolar, extensible a los gastos académicos y universitarios, como serían matrículas universitarias, tasas y estancias universitarias, o libros y manuales de la propia carrera universitaria**, en la medida en que suponen un desembolso económico de cuantía notable y que, indudablemente, son necesarios en tanto que benefician a los hijos y redundan en su interés.

(...)

Si los gastos extraordinarios se caracterizan por su necesariedad, ninguna duda hay de que los gastos derivados de su estancia universitaria (incluyendo arrendamiento, gastos de los distintos suministros, como electricidad, agua e internet, entre otros) son necesarios y redundan en beneficio de Efrain , debiéndose sufragar por ambos progenitores en la proporción acordada, esto es, por mitad; con independencia de que el ejecutado los conociera y del consentimiento de ambos progenitores, pues, reiteramos que no es necesario el consentimiento de uno u otro progenitor para que nazca la obligación de atender el gasto extraordinario».

También la **sentencia de la Audiencia Provincial de Pontevedra n.º 532/2022, de 5 de diciembre, ECLI:ES:APPO:2022:2972,** se refiere a la posibilidad de acudir al incidente previsto en el art. 776.4.ª de la LEC para pedir el reconocimiento como gasto extraordinario de los gastos universitarios cuando estos supongan un coste muy elevado:

«Todo ello sin perjuicio de que si la hija efectivamente realiza estudios universitarios, extremo que tampoco consta, y los gastos generados por tal concepto, exceptuados los del material académico que tienen el carácter de ordinarios, exceden de lo previsible bien porque se ve obligada a realizarlos fuera de la ciudad de DIRECCION000, o bien porque el coste de matrícula resulta muy elevado en relación al que se venía satisfaciendo en el bachiller, **a falta de consenso entre los progenitores la parte que a su derecho interese siempre puede acudir al incidente previsto en el art. 776.4 LEC para determinar si ese u otro gasto puede ser considerado o no como de naturaleza extraordinaria, y ello como cauce procedimental previo al de ejecución forzosa de la resolución recaída en este procedimiento** (...)».

CUESTIÓN

Los gastos referentes al pago de una residencia de estudiantes en los casos en los que el/la hijo/hija curse sus estudios universitarios en una ciudad diferente a la que reside, ¿pueden considerarse gastos extraordinarios?

No. Para responder a la anterior cabe traer a colación el auto de la Audiencia Provincial de Valladolid n.º 120/2009, de 24 de septiembre, ECLI:ES:APVA:2009:555A, que señala: «Sin embargo de las pretensiones deducidas por la apelante, los reclamados gastos de residencia y material devengados por la estancia de la común hija menor Jair Diana (nacida el 20-10-90), en la Escuela de Hostelería de la ciudad de Bilbao (3.545,39), no van a poder considerarse de naturaleza extraordinaria, pese a que sobre los mismos pueda defenderse su carácter de necesarios, siendo derivados de la formación académica de la menor, que van a devengarse periódicamente y que, conforme a los criterios de este mismo Tribunal, son comprensibles dentro de los ordinarios (y previsibles) gastos de educación o formación, siempre inclusive en los cubiertos por la pensión alimenticia establecida inicialmente en la suma de 400 , según Sentencia de este mismo tribunal de fecha de 23-5-07. Precisamente, la propia apelante manifiesta su voluntad de promover el consiguiente procedimiento de modificación de medidas para incrementar la pensión alimenticia establecida, como consecuencia de la alteración de las circunstancias producidas por las nuevas exigencias académicas de la ya mayor de edad (que según los presentes autos cuenta con patrimonio propio importante), interpretando, entonces, se trata de gastos de naturaleza ordinaria, al tratarse de producción periódica, previsible y continua, en tanto dure la formación de la hija y a considerar dentro de los cubiertos por la pensión de alimentos. De otra parte, el apelado y padre de la común hija, niega todo conocimiento sobre referida circunstancia, manifestando su total ignorancia y la falta de toda consulta sobre la nueva orientación académica de Jair Diana. Por lo que la cuestión debe propiamente y en efecto, debatirse en sede del correspondiente expediente de modificación de medidas sobre la vigente pensión alimenticia, que, en su caso, pueda promover la apelante».

Si bien, caso distinto sería si la residencia universitaria fuera de carácter privado con un precio habitualmente más elevado que el de una residencia pública, sí podría ser considerado como un gasto extraordinario si existieran opciones más económicas.

|| Gastos de *Erasmus*

La **Audiencia Provincial de Madrid en su sentencia n.º 49/2020, de 20 de enero, ECLI:ES:APM:2020:1656**, señala que los gastos de estudios en el extranjero, ya sean para perfeccionar idiomas o dentro de un programa *Erasmus,* serían considerados extraordinarios:

«Resulta difícil la predeterminación de la naturaleza de los gastos, por la rápida evolución social existente en temas tan importantes como los académicos o sociales, y también por la distintas formas de organizarse las familiar, y los antecedentes habituales en cada una de ellas; explicándose en muchas resoluciones con ánimo de ayudar a las partes a conocer en líneas generales la jurisprudencia sobre estos gastos, para evitar situaciones de duda o conflicto.

Dicho lo anterior y dando respuesta a las divergencias puestas de manifiesto, basta decir que con carácter general en esta Sala se viene considerando gasto extraordinario, los gastos de estudios en el extranjero, ya sean para perfeccionar idiomas, o dentro del Erasmus, así como los de especialización o las clases particulares y por tanto requieren el consenso y el abono de ambos progenitores. Únicamente el actual master de postgrado se considera un gasto ordinario al estar dentro del Plan de estudios de una carrera o ingeniería, y por ser necesario para obtener la titulación; no así otros master que no son estrictamente necesarios, aunque los mismos sean importantes y enriquecedores, que serían extraordinarios. Todo ello coincide en general con la sentencia».

|| Gastos de estudios superiores (máster)

Con relación a la realización de un **máster privado**, la **sentencia de la Audiencia Provincial de Asturias n.º 95/2023, de 10 de febrero, ECLI:ES:APO:2023:723**, recoge que, al no poder considerarse como un gasto urgente, la obligación del progenitor a abonar la parte correspondiente se encuentra supeditada al consentimiento previo:

«Partiendo de que, por gastos extraordinarios, en ausencia de concreción en la sentencia, deben considerarse «los que tengan cierta importancia económica y la condición de necesarios, excepcionales, imprevisibles o inhabituales, además y en principio, el concepto de gastos extraordinarios hay que relacionarlo con la obligación de alimentos, y debe venir definido por exclusión, de modo que, salvo que en el Convenio Regulador o en la Sentencia se diga otra cosa, serán extraordinarios todos aquellos gastos realizados o que vayan a realizarse en interés del menor, que no vengan comprendidos en la obligación de prestar alimentos, y que, precisamente por ello, han de ser conocidos y consentidos por el progenitor al que se le exige que contribuya a sufragarlos, y solo en caso de que éste no consienta, y se consideren necesarios, podrá ser compelido a hacerlo por decisión judicial" (Auto de la Sala de 1 de febrero de 2023, Rec. 754/2022, con cita de la Sentencia de 8 de marzo de 2018; STS de 14 de octubre de 2014 con cita de la nº 721/2011, de 26 de octubre, —Rec. 926/2010—), no cabe duda que el master universitario acometido por la hija común tiene carácter extraordinario.

Tampoco cabe duda que este gasto no tiene carácter urgente, único presupuesto en el que el requisito del previo conocimiento y consentimiento del otro progenitor o de la autorización judicial, se difumina en beneficio del menor afectado y del progenitor que, por mor de dicha urgencia, ha tenido que asumir inicialmente todo el gasto y no ha podido recabar dicho consentimiento o la autorización judicial (Sentencia de la Sección 5ª de esta Audiencia Provincial de Asturias de 18 de enero de 2.005 y Sentencia de la Sección 10ª de la Audiencia Provincial de Valencia, de 20 de Julio de 2.011, entre otras), pues como dispone el art. 156 del Código Civil "Serán válidos los actos que realice uno de ellos conforme al uso social y a las circunstancias o en situaciones de urgente necesidad".

Siendo, precisamente, el cumplimiento de dicho requisito previo el primer aspecto en el que se centra la controversia, al negar el demandado el previo conocimiento y ausencia de contestación u oposición invocada por la actora, para cuya resolución ha de estarse al resultado de la prueba practicada en la primera instancia, no sin dejar patente, que la prueba del cumplimiento de dicho presupuesto recae sobre la actora, en cuanto hecho constitutivo de su pretensión (art. 217 LEC)».

También en relación con un máster en una universidad privada se pronuncia la **Audiencia Provincial de Burgos en su auto n.º 306/2022, de 17 de octubre, ECLI:ES:APBU:2022:431A**, reconociendo el gasto como extraordinario, aun con la oposición del progenitor:

> «2.- **Estamos ante un gasto claramente extraordinario**, no previsto ni previsible en el momento de la separación en el año 2002.
> 3.- **Se trata de un gasto necesario.** Tal y como resulta de la declaración de la hija Leocadia, y correos de la misma con la Universidad Autónoma de Madrid de julio de 2019, unido al tenor de los arts. 94 y 97 de la LO 4/2006 de Educación, para que la hija, al terminar sus estudios de doble grado de idiomas, pudiera impartir enseñanza en centros de educación secundaria y bachillerato, debía realizar el Máster. Y Leocadia explica (y el correo con la Universidad Autónoma de Madrid avala), como al terminar su carrera en 2018, no logró obtener nota bastante para hacer el Máster en una Universidad Pública en el curso 2018-2019, quedando en lista de espera, circunstancia que se repitió en 2019-2020. Ante ello, no puede exigírsele permanezca más tiempo esperando hacer el necesario Máster, aunque el coste final haya sido mayor del que pudiera haber satisfecho de haber logrado entrar en los otros más baratos».

En el caso de la Audiencia Provincial de Granada pone el foco en los **usos sociales**, entendiendo que, en el caso analizado el coste de un curso de preparación de master en Auxiliares y Administrativos de la Función Pública, es excesivo conforme a los citados usos sociales, ya que se trata de un coste que supera mensualmente la mitad de la pensión de alimentos impuesta, lo que considera desproporcionado conforme al uso social y familiar, concluyendo por tanto que sería necesario el consentimiento del progenitor para poder reclamarle el gasto (**AAP de Granada n.º 180/2021, de 2 de noviembre, ECLI:ES:APGR:2021:1468A**).

4.3. Gastos de clases de refuerzo escolar y actividades extraescolares

Análisis jurisprudencial de la determinación como gasto ordinario o extraordinario de los gastos de refuerzo escolar y actividades extraescolares

|| Clases de refuerzo escolar

Las clases de refuerzo escolar suelen ser consideradas por la mayoría de las audiencias como gastos extraordinarios, ya que en el momento en el que se establecen las medidas no es previsible si los hijos van a necesitar clases de apoyo o no.

Así lo recoge la **sentencia de la Audiencia Provincial de Pontevedra n.º 532/2022, de 5 de diciembre, ECLI:ES:APPO:2022:2972**, que refiere que estos gastos por clases de refuerzo escolar no pueden considerarse como gastos ordinarios ya que las mismas no pueden preverse en el momento de establecerse las medidas:

> «(...) Por lo tanto, los gastos de matrículas y material académico de principio de curso, en modo alguno tienen la consideración de gastos extraordinarios, por el contrario **no pueden tener la consideración de gastos ordinarios los satisfechos por clases de apoyo**, dado que en estos momentos ni siquiera consta que los hijos tengan necesidad o estén haciendo uso de tales, por lo tanto, no constando que vayan a tener periodicidad ni su cuantía, resulta más ajustado a derecho calificarlos como gastos extraordinarios a satisfacer por mitad por ambos padres cuando se produzcan, previo consenso».

También **auto de la Audiencia Provincial de Gipuzkoa n.º 146/2021, de 15 de octubre, ECLI:ES:APSS:2021:1098A**, que recoge que estas clases de apoyo o refuerzo son gastos extraordinarios:

> **«Son gastos extraordinarios de carácter educativo las clases de apoyo escolar motivadas por un deficiente rendimiento académico.**
>
> En relación con los gastos extraordinarios, y en atención a su peculiar naturaleza, se entenderá prestada la conformidad si, requerido a tal efecto un progenitor por el otro, de forma fehaciente, es decir, que conste sin lugar a dudas la recepción del requerimiento, se dejare transcurrir un plazo razonable sin hacer manifestación alguna. En el requerimiento que realice el progenitor que pretende hacer el desembolso, se deberá detallar cuál es el gasto concreto que precise el hijo, y se adjuntará presupuesto donde figure el nombre del profesional que lo expide».

Destacar también el **auto de la Audiencia Provincial de Almería n.º 509/2022, de 4 de octubre, ECLI:ES:APAL:2022:698A**, que defiende el carácter extraordinario y necesario de estos gastos en los siguientes términos: «(...) las clases de apoyo y refuerzo de matemáticas e inglés, así como clases de apoyo escolar en el centro educativo constituyen gastos extraordinarios siendo necesarios e ineludibles para el correcto desarrollo y formación de los dos menores, y aunque no haya mediado acuerdo para realizarlo, cabría imponer su pago aunque sea a posteriori al constatarse que era necesario».

En el mismo sentido, la **sentencia de la Audiencia Provincial de Valladolid n.º 384/2023, de 4 de octubre, ECLI:ES:APVA:2023:1948**: «Las clases de refuerzo sólo constituyen gastos necesarios extraordinarios si vienen impuestas por los malos resultados académicos del hijo y si consta una recomendación del centro en tal sentido. Fuera de esas circunstancias que deben ser probadas y que no constan en autos, las clases de refuerzo no superan el nivel de los gastos meramente recomendables o, incluso, de los gastos superfluos».

‖ Gastos de actividades extraescolares: deporte, idiomas, música...

Cuando nos referimos a actividades extraescolares hay que diferenciar, por ejemplo, las clases de deportes, o *hobbies*, y las clases de inglés, a las que las audiencias provinciales han dado un tratamiento distinto.

Con relación a las **actividades extraescolares lúdicas, deportivas, musicales...**. Las audiencias provinciales las consideran gastos extraordinarios no necesarios y, por tanto, que requieren el consentimiento del progenitor para poder reclamarle el gasto de las mismas. Así, podemos citar, por ejemplo, el **auto de la Audiencia Provincial de Almería n.º 509/2022, de 4 de octubre, ECLI:ES:APAL:2022:698A**:

> «En último término y por lo que se refiere a las actividades deportivas y musicales de los tres menores, esto es, clases de fútbol, pádel, violín y ajedrez, si bien esta Sala coincide con la juzgadora de instancia, en la circunstancia de que están debidamente justificados documentalmente, que redunden en beneficio de los menores, **se trata de actividades extraescolares, cuyo cargo del apelante no puede admitirse desde el momento en que no consta acreditado en momento alguno ni que los consintiera, ni que fuesen necesarios**, siendo el fallo de la sentencia claro en este punto en cuanto declara que: "cualquier otro gasto que pueda tener la consideración de extraordinario, pero para ello, será necesario que hubiera existido acuerdo entre ambos progenitores en su realización o en su defecto autorización judicial, toda vez que aquellos que no cuenten para su realización con el acuerdo de los mismos o con la autorización judicial supletoria, serán abonados por aquél de los progenitores que haya decidido su realización". **El hecho de que el apelante conociera la realización de dichas actividades por parte de los menores**, y que de hecho los haya llevado y recogido de alguna de dichas actividades, **no equivale a un consentimiento tácito**, la jurisprudencia exige que, antes de incurrir en gastos extraordinarios y actividades extraordinarias, no escolares, debe de procederse a un consenso expreso por parte de los progenitores que vayan a proceder al abono de los mismos, pues una cosa es la existencia de un acuerdo entre los progenitores sobre la conveniencia de realizar una determinada actividad, asumiendo los gastos que la misma comporte en la proporción que se establezca, y otra muy distinta es que se conozca, caso de autos, en que el apelante rechaza haber dado en momento alguno su consentimiento a la realización de tales actividades, la necesidad de las mismas tampoco se constata, lo que determina que la resolución recurrida haya de ser revocada en éste extremo, pues con ello se evita tanto que el cumplimiento de las obligaciones quede al arbitrio de una de las partes, lo que vulneraría el art. 1.256 CC, como que, de hecho, se impida al cotitular del ejercicio de la patria potestad participar en decisiones importantes sobre la formación, salud, ocio, y, en definitiva, todas aquellas fundamentales para el desarrollo de la personalidad de sus hijos. Todo lo cual conlleva la estimación del recurso en este extremo».

También la Audiencia Provincial de A Coruña entiende que los gastos de estas actividades extraescolares no pueden considerarse como un gasto necesario, así con relación a las clases de fútbol a las que acudía el menor recoge que si bien puede ser una actividad recomendable, no es necesaria, y por tanto requeriría el consentimiento del ejecutado para poder exigirle su pago (**AAP A Coruña n.º 126/2022, de 3 de noviembre, ECLI:ES:APC:2022:1024A**).

Por su parte, la **Audiencia Provincial de Zaragoza, en su auto n.º 18/2023, de 7 de febrero, ECLI:ES:APZ:2023:194A**, recoge que para poder considerar las actividades extraescolares como necesarias hay que atender al entorno económico, educativo y social en el que se desenvuelven los hijos, y a los acuerdos de los progenitores anteriores a la separación:

> «(...) Y a la hora de imputarse un gasto como necesario deberá tenerse en cuenta, como dijimos en nuestro auto de 14 de junio de 2011, el **entorno económico, educativo y social en que se desenvuelven los hijos del matrimonio**, de suerte que las actividades educativas aconsejables o convenientes (por ejemplo aprendizaje de idiomas en academias), no obstante la simple negativa de uno de los progenitores si dispone de medios económicos para su desempeño no basta para que recaiga en el otro la totalidad del gasto si éste redunda claramente en beneficio del menor. Otra interpretación iría en perjuicio de la formación integral de los menores (artículo 39.3 de la Constitución Española). (...)
>
> Sobre las actividades extraescolares, consideramos que deberá valorarse o tener en cuenta aquellas actividades de los hijos que ambos progenitores habían acordado mutuamente durante la convivencia, matizando en este apartado el apartado relativo a los gastos extraordinarios».

CUESTIÓN

¿Puede acudirse a una modificación de medidas para solicitar que se incluya como gasto extraordinario el coste de las actividades extraescolares?

La Audiencia Provincial de Tarragona, en su sentencia n.º 387/2022, de 18 de mayo, ECLI:ES:APT:2022:1015, en un supuesto en el que se solicitó la modificación de medidas, y entre otras cosas se solicitaba que se incluyesen como gasto extraordinario las clases de baile, equitación y clases de refuerzo, entiende que sería más adecuado acudir a una ejecución o al procedimiento regulado en el art. 776.4.ª de la LEC:

«Finalmente, los gastos extraordinarios cuya ampliación se pretende a los de baile, equitación y clases de refuerzo.

En la sentencia se establecieron como extraordinarios los gastos farmacéuticos, odontológicos, ópticos y protésicos no cubiertos por la Seguridad Social o Entidad privada análoga y los gastos extraescolares. Gema actualmente hace la actividad extraescolar de baile (literal).

Pues bien, no alcanzamos a ver la razón por la que no se acude al procedimiento regulado en el art. 776-4º LEC o bien se ejecuta la sentencia para reclamar aquellos que se consideren gastos extraordinarios necesarios o se busca el consenso con el progenitor para hacer frente a los no necesarios.

No se precisa de modificación alguna y de accederse a ella cualquier otra posterior exigiría un nuevo proceso de modificación largo y costoso cuando el trámite de ejecución o el incidente señalado ofrecen una fórmula ágil y sencilla para constituir, modificar o extinguir aquellos. No es este, en fin, el proceso adecuado para efectuarlo».

Más debate se suscita con relación las **clases de inglés**, ya que si bien algunas audiencias los consideran como gastos de educación que se incluyen entre los gastos ordinarios, otras los consideran como un gasto extraordinario necesario.

Entre las primeras podemos citar a la Audiencia Provincial de Gijón, que los considera como gastos ordinarios, cubiertos con la pensión de alimentos. Véase por ejemplo el **auto n.º 195/2022, de 23 de noviembre, ECLI:ES:APO:2022:1582A**:

> «Criterio reiterado, en concreto, con relación a los gastos por clases particulares en el Auto de fecha 8 de abril de 2022 (Rec. 141/2022), donde señalamos que, conforme a la STS de 15 de octubre de 2014, se encontraban comprendidos dentro de los alimentos en cuanto forman parte de la educación del menor y no son imprevisibles, salvo que se acredite que son estrictamente necesarios y su cuantía exceda de lo que es habitual o que las partes les confieran tal carácter, expresamente, bien en Convenio, bien por sus propios actos (Auto de la Sala de 3 de diciembre de 2.009 o de 4 de noviembre de 2011, con cita de la Sentencia de 21 de diciembre de 2007).
>
> A partir de estos postulados, cuestionando el apelante que los gastos devengados por las clases de inglés a la que asiste la hija común tengan el carácter de gastos extraordinarios, esta Sala considera que tales gastos tienen el carácter de gastos ordinarios y, en consecuencia, cubiertos con la pensión de alimentos que se hubiere establecido, toda vez que nos encontramos ante gastos atinentes a la enseñanza, siendo un gasto previsible en tanto en cuanto es usual que los hijos completen o refuercen determinadas asignaturas que le son impartidas en el Centro Escolar, entre ellas, el inglés, idioma al que normalmente se le otorga especial transcendencia en orden a su futura formación académica y/o profesional. Razón por la cual dichos gastos no pueden considerarse como extraordinarios, y ello, aunque el padre, como sostiene la ejecutante hubiese aceptado e incluso acompañado a la hija a dichas clases».

También la Audiencia Provincial de Bizkaia equipara las clases de inglés a otras actividades extraescolares, por no constar su recomendación por el centro escolar en el **auto n.º 758/2022, de 30 de junio, ECLI:ES:APBI:2022:491A**, recalcando además que el hecho de que el progenitor no custodio conociese la realización de dichas actividades, no implica que hubiese dado su consentimiento para las mismas:

> «El resto de los gastos reclamados no pueden tener la consideración de extraordinarios, puesto que en contra de lo que se afirma no constan fuera indicada su realización desde el centro escolar (euskera e inglés); y/o no fueron consentidos por el demandado (música, judo, boxeo), pues no puede asimilarse el conocimiento de su realización con el consentimiento para ello.
>
> Así hemos dicho, en Auto 24 de noviembre de 2020 - ROJ: AAP BI 783/2020, lo siguiente:
>
> "en este sentido se señala que el conocimiento de un hecho del que deriva un gasto no equivale a consentimiento al gasto que origina, se puede estar disconforme con el gasto por razones diversas, por ejemplo, por el coste y no tener objeción para la actividad o hecho que lo genera".
>
> Y en el Auto de 04 de noviembre de 2020 (ROJ:AAP BI 793/2020, lo siguiente:
>
> "pues el conocimiento se su realización no implica el consentimiento, para abonarlos, sin que quepa entender que en este ámbito se pueda acu-

dir a consentimientos tácitos o a actos concluyentes; pues de otra manera se dejaría en manos del progenitor custodio la decisión y calificación de los gastos que deban entrar en el concepto de extraordinarios"».

Sin embargo, otras audiencias entre las que se encuentra la Audiencia Provincial de Cádiz, entienden que las clases de inglés son un gasto necesario para la formación y educación de los hijos, independientemente del rendimiento escolar, y así lo refleja el **AAP de Cádiz n.º 39/2023, de 8 de febrero, ECLI:ES:APCA:2023:75A**:

«En cuanto a las clases de inglés, esta Sala ya se ha pronunciado en el sentido de considerar que **se trata de gastos necesarios para la adecuada formación y educación de los hijos**, sin que pueda alegarse que obtienen buenas calificaciones en el colegio, porque ello precisamente puede proceder de estar recibiendo esas clases particulares, resultando igualmente intrascendente las buenas calificaciones previas, porque se corresponden con cursos inferiores de menor complejidad. Y, aún cuando se trate de un colegio bilingüe, precisamente, con mayor motivo, resulta justificado que los hijos reciban clases complementarias de inglés, lo que sin duda ha de redundar, ya no sólo en las calificaciones de la asignatura de inglés, sino en las demás asignaturas impartidas en inglés. En cuanto a las tasas para el examen de Selectividad y la obtención del título de Bachiller y B2 de inglés, de igual forma estimamos que, en tanto que necesarios para la adecuada formación, desarrollo y educación de la hija y, resultando necesarios para la obtención de título universitario o de doctorado, respectivamente, sin que sean previsibles ni tengan carácter periódico, se han de conceptuar como gastos extraordinarios».

También considera las clases de inglés como un gasto extraordinario exento del consentimiento del progenitor al que se le reclama el coste, la Audiencia Provincial de Granada que en su **auto n.º 180/2021, de 2 de noviembre, ECLI:ES:APGR:2021:1468A**, que recoge:

«Por último, y en cuanto a los gastos de clases de refuerzo de inglés, no cabe en este caso la aplicación del requisito de la previa prestación del consentimiento por parte del progenitor obligado, por tratarse de menor de edad, en aplicación del criterio anteriormente expuesto para la hermana, aunque en sentido inverso. Al considerarse, por una parte, que la impartición de clases de inglés al menor de edad para refuerzo, como no se discutió en la oposición formulada por el demandado, **es necesario, imprevisto y no preordenado por la madre**. Y, por otra parte, que el cincuenta por ciento de tales gastos, de 24 euros al mes, no es desproporcionado con respecto al importe de la pensión mensual (150 euros), **encontrándose dentro de lo que cabe considerar ajustado al uso social**, excluyente del consentimiento del progenitor obligado a contribuir, conforme al art. 156 del CC. Por lo que el recurso se desestima en este punto».

Por último en el mismo sentido, la ya citada **sentencia de la Audiencia Provincial de Valladolid n.º 384/2023, de 4 de octubre, ECLI:ES:APVA:2023:1948**, las clases particulares de inglés han de considerarse gastos extraordinarios. Pues razona la audiencia que, el conocimiento de idiomas en la actualidad, especialmente el inglés, es un elemento imprescindible en la formación integral de los hijos y en el acceso al mercado laboral. Además, subraya que la enseñanza de idiomas en los colegios resulta insuficiente para adquirir el exigente nivel de inglés que actualmente demanda el mercado laboral.

4.4. Gastos sanitarios (dentista, logopeda, gafas, vacunas), de seguros privados de salud y farmacéuticos

Análisis jurisprudencial sobre la determinación como gastos ordinarios o extraordinarios de gastos sanitarios, seguros de salud y farmacéuticos

Gastos sanitarios de especialidades médicas: dentista (ortodoncia, limpiezas bucales), logopeda, gafas, psicólogo...

Al analizar los gastos derivados de las asistencias prestadas por especialistas médicos las audiencias provinciales mantienen en su mayoría que hay que analizar el caso concreto y valorar diferentes aspectos como pueden ser, por ejemplo, que el gasto se encuentre o no cubierto por la Seguridad Social, que se trate de un tratamiento urgente, que se acredite su necesidad, etc.

A modo de ejemplo podemos citar distintas resoluciones relativas a distintos gastos, como puede observarse a continuación.

a) Ortodoncia

En el **auto de la Audiencia Provincial de A Coruña n.º 127/2022, de 16 de noviembre, ECLI:ES:APC:2022:1354A**, se establece:

«La decisión de realizar una ortodoncia a un hijo menor de edad no es una decisión que pueda adoptarse unilateralmente. Habrá que decidir la conveniencia de hacerlo, en su caso de hacerlo ahora o esperar a que la niña crezca más, qué método se va a elegir, y a qué profesional se le encomendará. Es una decisión que afecta a la salud del menor. No es una mera cuestión estética y sin trascendencia. Por otra parte, **no es una actuación de "urgente necesidad"**, como exige el Código Civil para que pueda excluirse de la necesidad de ser consensuada previamente por ambos progenitores que ostentan la patria potestad. Incluso, como es habitual en muchas familias, puede no ser un momento económicamente apropiado y sea preferible esperar algún tiempo. Es por ello que, al **no haberse ni intentado obtener esa conformidad previa**, es por lo que debe compartirse con la resolución apelada la improcedencia de trasladar la mitad del gasto al progenitor no custodio».

| b) Ortodoncia y limpieza bucal

En el **auto de la Audiencia Provincial de Bizkaia n.º 937/2019, de 6 de junio, ECLI:ES:APBI:2019:1262A**:

> «Téngase en consideración que, además de no acreditarse la urgencia e imperiosa necesidad para no precisar el previo consentimiento, la parte demandante **no ha justificado debidamente la necesidad**/adecuación de alguno de los gastos reclamados, tales como los gastos de tratamiento de acné y farmacia de Tomás, los de medicina y plantilla de Sandra, ni los de **ortodoncia y limpieza bucal fuera de las exigencias meramente estéticas**».

| c) Oftalmología, psiquiatría, neurología, ginecología, podología, psicología y odontología

En el auto de la Audiencia Provincial de Soria n.º 35/2021, de 16 de julio, ECLI:ES:APSO:2021:141A, se analizan diversos gastos de especialistas médicos haciendo hincapié en que se haya justificado la necesidad y urgencia de los mismos mediante informes médicos, procediendo a eximir del pago al progenitor que no consintió en determinados gastos que no considera necesarios, y a obligar al pago de aquellos cuya necesidad, y urgencia hayan quedado debidamente acreditados:

> «En primer lugar, en relación con las cantidades invertidas en **oftalmó-logo** (900 €), por consulta de **psiquiatría** (560 € y 340 € devengados tras la demanda), por **neurólogo** (120 € y 166 € devengados tras la demanda), por **ginecólogo** y tratamiento ginecológico (573,36 €), puede afirmarse que efectivamente **son gastos extraordinarios y aunque convenientes, no son necesarios, ya que todas esas especialidades médicas están cu-bierto por el sistema de Seguridad Social** o seguro privado, sin que se haya probado una mínima razón para considerar que pudiera ser urgente. Si uno de los progenitores quiere exacerbar la atención médica de la hija común, llevándole a todo tipo de médicos privados con el objeto de ratifi-car diagnósticos o de proporcionarle la mejor asistencia médica posible, es lícito e incluso aconsejable, pero para podérselo repercutir al progenitor no custodio, debe contar con su consentimiento para hacer los desembolsos, y en el presente caso no consta que se haya producido esta notificación o búsqueda del consentimiento, ni que se haya prestado, ya que la parte apelada se opone abonar dichos gastos (...).
>
> (...)
>
> En lo referente a la cantidad invertida en **podología**, cuyo gasto as-ciende a 406 €, cuya inversión se acredita con facturas aportadas, y que basa en un informe profesional podológico en el que se dice que realizada una nueva valoración postural de la paciente después de llevar años lle-vando plantillas y posteriormente realizar rehabilitación, se constata que la paciente presenta pies valgo, y una dismetría de aproximadamente 1 cm en la pierna izquierda, lo cual supone un retroceso en su patología, reco-mendando el uso de plantillas para controlar el valgo de retropié y frenar en la medida de lo posible la escoliosis asociada a su dismetría; **ha de con-**

siderarse que nos encontramos en presencia de un gasto extraordinario necesario. En la medida qué las plantillas vienen a corregir una dismetría y que ello pudiera repercutir en el funcionamiento del aparato locomotor, existiendo multitud de patologías derivados de un mal apoyo, o siendo posible que este mal apoyo agrave las ya existentes, que este gasto se considera de carácter extraordinario y necesario, no cubierto por el sistema de seguridad social. Y ello en la medida que se acredita el gasto invertido y se fundamenta su necesidad en un informe profesional.

Por lo que se refiere a la terapia psicológica (...), ha de ser considerado como gasto extraordinario médico necesario no cubierto por el sistema de Seguridad Social, o por el seguro privado que tengan los padres, o en todo caso no cubierto en la intensidad y frecuencia con la que es precisada por la paciente, según se desprende de los informes médicos aportados, y de las resoluciones públicas de la Gerencia Territorial de Servicios Sociales de la Junta de Castilla y León (...). La necesidad de la terapia psicológica se acredita con el informe del psicólogo clínico que se aporta, para gestionar adecuadamente no sólo las dificultades derivadas de la crisis familiar que supuso el divorcio de sus progenitores, y las consecuencias que supuso para ella, sino también para gestionar adecuadamente las exigencias de la vida diaria con sus importantes limitaciones físicas (acontecimiento 150), y con el informe psiquiátrico (acontecimiento 176), en los que se recoge un diagnóstico (trastorno ansioso depresivo moderado a grave, trastorno del estrés postraumático complejo, fibromialgia, síndrome de fatiga crónica), que hace preciso recibir no solo tratamiento farmacológico, que lo recibe, sino también terapia psicológica. (...). Conocido resulta que el sistema público de Seguridad Social o el sistema de seguro privado obligatorio solo cubren la asistencia psicológica de manera muy limitada y con carácter puntual. Por otra parte, la necesidad de terapia psicológica en el caso de la hija común de los litigantes se justifica, no solo por los informes médicos, sino también por la duración que ha tenido esta asistencia psicológica y su desarrollo a través de los años. Si bien lo aconsejable hubiera sido comunicar al progenitor que vive al margen de su hija su realización, lo cierto es que ello no es óbice para reconocer su necesidad, y entender que además de la salud física, nos encontramos la salud mental, que debe ser igualmente procurada. Salud mental que debe ser tratada, no únicamente a través del tratamiento farmacológico, sino también y además con terapia psicológica, siendo ello algo que debería ser cubierto por el sistema público de salud, que hasta ahora solo se cubre de forma muy limitada y no con la frecuencia que hace preciso este tipo de intervención.

Por lo que se refiere a los gastos médicos por tratamiento odontológico de la hija común Eva María, se reclaman por revisiones odontológicas 176 € y por la ortodoncia 4030 €, y ambos deben ser considerados como gastos extraordinarios necesarios no cubiertos por el sistema público de salud, o el sistema de seguro privado. La necesidad de este gasto se justifica con el informe médico expedido por el especialista en la materia (acontecimiento 149), del que se deriva la necesidad que tenía la hija común de controlar su dentición y además con las facturas emitidas a nombre de la madre de la hija común (...). Debe ser considerado gasto extraordinario y necesario por definición, por los siguientes motivos: en primer lugar porque **es un gasto imprevisible y de ninguna forma periódico**, se trata de un **gasto médico no cubierto por seguro privado o por la Seguridad Social**, y en todo caso, porque **no se trata de un tratamiento meramente estético**, ya que la ortodoncia, tal y como consta en el informe aportado en la demanda es correctiva debida a una mal posición dental generalizada, con desviación de líneas medias y desgaste dentario».

‖ d) Fisioterapia/podología

En el **auto de la Audiencia Provincial de Huelva n.º 103/2022, de 6 de abril, ECLI:ES:APH:2022:601A**, el tribunal reconoce como gasto extraordinario el de fisioterapia y el de podólogo, aun sin estar estos prescritos por un médico, por entender que se trata de gastos puntuales y urgentes:

«Pues bien, expuesto cuanto antecede consideramos que los gastos correspondientes a **fisioterapia** y el carnet de conducir de Ofelia, deben entenderse como extraordinarios, teniendo en cuenta respecto de lo primero, que se **trata de un gasto médico/sanitario no cubierto por la Seguridad Social, que debe considerarse no usual ni previsto**, además de estar recogido como tal en el convenio, y **si bien es cierto que no consta estar prescrito por un médico, ello no le priva de tal carácter** puesto que se trata de una única sesión de lo que cabe pensar que se trataba de solventar un problema puntual físico/rehabilitador, **que no precisa de prescripción médica**, que está pensada para tratamientos de cierta importancia e intensidad, en definitiva para solventar problemas de rehabilitación de más larga duración dentro de un tratamiento prescrito por un médico, lo que aquí se reclama tiene otro origen y responde, como decimos a otra finalidad, se trata de una sesión de fisioterapia para solventar un problema puntual e incluso urgente, que entendemos no precisa de prescripción médica, ni de autorización paterna para llevarlo a cabo, por lo tanto debe reconocerse como gasto extraordinario debiendo abonar el padre la mitad de la factura aportada por el mismo, esto es, 20 euros.

(...)

Por lo que respecta ahora a los gastos reclamados con el mismo carácter en cuanto a la otra hija, llamada Paulina, correspondientes al podólogo y a un ordenador portátil marca Lenovo, según las facturas aportadas a las actuaciones (20 € y 455 € respectivamente), consideramos respecto de **la sesión de podología** (quiropodia arreglo de durezas o callos, así como de uñas), que se **trata de un gasto sanitario no cubierto por la Seguridad Social, que por su carácter puntual y sin descartar incluso que urgente, no precisa de autorización paterna, ni de prescripción facultativa** que está pensada para otro tipo de tratamiento o intervención, como hemos dicho anteriormente en cuanto al gasto de fisioterapia, por lo tanto debe reconocerse y abordarse como gasto extraordinario por lo que procede el abono de la parte correspondiente al padre».

‖ e) Psicología, logopedia, oftalmología y dentista

La Audiencia Provincial de Tarragona considera estos gastos como extraordinarios y necesarios, recalcando que los mismos no están cubiertos, por lo menos en su totalidad, por la sanidad pública. Así, el **AAP Tarragona n.º 92/2022, de 4 de mayo, ECLI:ES:APT:2022:983A**, recoge que:

> «Por lo que se refiere a los gastos que traen causa de la prestación de asistencia por **psicólogo, logopeda, oftalmólogo y dentista, son gastos extraordinarios necesarios** respecto de los que la Sala ha razonado en reiteradas ocasiones que basta el conocimiento suficiente por el progenitor no custodio y dicho conocimiento suficiente puede ser expreso o tácito. Asimismo, el gasto en logopeda está expresamente definido por la sentencia de 7-10-2016 como gasto extraordinario. Además, es un hecho notorio, y por tanto está exento de prueba, que **tales gastos no están cubiertos —o no lo están en su totalidad— por el sistema público de salud**. Por consiguiente, el abono de la mitad de los mismos se mantiene a cargo del apelante, hecha abstracción de aquellos gastos que ya han sido excluidos por haber resultado probado su pago mediante los documentos acompañados con el escrito del apelante de 3 de marzo de 2021».

f) Óptica

Cuando los gastos se deben al uso de gafas y lentillas suelen reconocerse como extraordinarios por la mayoría de las audiencias. A modo de ejemplo la **Audiencia Provincial de Burgos en su auto n.º 448/2021, de 30 de diciembre, ECLI:ES:APBU:2021:1031A**:

> «Lo cierto es que indiscutida su necesidad en razón del reconocimiento de uso de gafas de la menor y constituyendo las lentillas una forma alternativa de corrección visual se estima justificado su reconocimiento como gasto extraordinario (...)».

También el **auto de la Audiencia Provincial de Granada n.º 10/2022, de 23 de febrero, ECLI:ES:APGR:2022:511A**, se pronuncia entendiendo el gasto de las gafas como extraordinario y necesario:

> «(...) la montura de las gafas y los cristales graduados constituyen gastos cuya necesidad es ineludible para el desarrollo personal, social y educativo de la menor, sin que pueda concebirse una oposición paterna con un mínimo de sustento, si no es prescindiendo del interés prevalente de la menor para imponer un arbitrario interés propio del progenitor».

Gastos sanitarios: vacunas

Cuando uno de los progenitores asume íntegramente el coste de determinadas vacunas no cubiertas por el sistema público de salud nos encontramos con que las audiencias no tienen un criterio uniforme, reconociendo, algunas, dicho gasto como extraordinario y necesario, y otras no.

Así, el **auto de la Audiencia Provincial de Valencia n.º 218/2022, de 6 de abril, ECLI:ES:APV:2022:356A**, sí le reconoce al coste de la vacuna de la meningitis el carácter de gasto extraordinario, por entenderlo como conveniente para el menor:

«En cuanto a la ortodoncia y **vacuna para la meningitis**, son gastos de **carácter extraordinarios** y que se entienden beneficiosos para la salud del menor; el progenitor alega que no ha prestado su consentimiento, e incluso que desconocía que su hijo siguiera el tratamiento dental, lo que resulta poco creíble, como señala la juez de instancia, ya que no se trata de un tratamiento puntual, sino que se debe mantener por un periodo largo de tiempo. Si bien es cierto que ambos progenitores son titulares de la patria potestad y los gastos relacionados con la salud del hijo deberían adoptarse de mutuo acuerdo, resulta de la prueba de interrogatorio que **la madre ha tenido que asumir la toma de decisiones ante la pasividad del progenitor**, pues de la documental aportada por la demandante se deduce la necesidad del tratamiento de ortodoncia y la **conveniencia de administrar la vacuna (que sí consta anotada en la Cartilla de Salud del menor), sin que el progenitor acredite lo contrario**, ni haya adoptado ninguna medida tendente a solucionar los problemas relacionados con la salud de su hijo menor, pese a que alega que incluso dispone de ayudas económicas por parte de su empresa, por lo que también en este punto se debe confirmar el Auto».

Por su parte el **auto de la Audiencia Provincial de Tarragona n.º 42/2022, de 25 de mayo, ECLI:ES:APT:2022:1043A**, reconoce como extraordinario y necesario el gasto de la vacuna, entendiendo que sería suficiente con el conocimiento del padre para entenderlo como obligado al pago:

«Nos encontramos ante un **gasto extraordinario necesario, pues se trata de un gasto médico que no puede ser calificado de previsible al no estar incluido en el calendario de vacunación obligatoria del sistema público de salud**, si bien su adquisición y aplicación requieren inexcusablemente de una previa autorización y prescripción facultativa. Como gasto extraordinario necesario **basta el conocimiento suficiente del progenitor no custodio**, el cual, consideramos que concurre según lo manifestado por el apelante durante su interrogatorio en el acto de la vista oral celebrada en primera instancia en fecha de 11-11-2020 (vid., sobre este punto, min. 11:13 a 11:15), pues reconoció que se le comunicó la aplicación de dicha vacuna y no procedió temporáneamente en los términos del artículo 236-11.6 CCCat».

También la **Audiencia Provincial de Sevilla en su auto n.º 82/2022, de 2 de marzo, ECLI:ES:APSE:2022:1242A**, en un supuesto en el que la madre asumió el coste íntegro de las vacunas de la alergia del menor, entiende que debe de entenderse el gasto como extraordinario, aunque no haya sido consentido por el padre:

«El recurso se estima, al considerar que las **características del tratamiento llevan a considerar que el mismo es urgente y que la falta de consentimiento previo no es razón para no atender el gasto extraordinario y que además esa falta de consentimiento puede ser suplida por la autoridad judicial** en el trámite previsto en el artículo 776 de la Ley de Enjuiciamiento Civil».

En sentido contrario podemos citar, por ejemplo, el **auto de la Audiencia Provincial de Granada n.º 95/2020, de 5 de junio, ECLI:ES:APGR:2020:520A,** que no entiende la vacuna como gasto extraordinario necesario por no encontrarse la misma incluida en el calendario de vacunación:

> «(...) procede mantener la exclusión de la vacuna Bexero, por no acreditarse su inclusión en el calendario de vacunación. Respondiendo su administración a una opción que no es considerada por la sanidad pública como tratamiento obligatorio e ineludible para el menor; por más la misma, como no puede discutirse y al igual que otros muchos tratamientos preventivos, pueda suponer un beneficio adicional para la salud que, no por ello, en su caso y a falta de consentimiento del otro progenitor, habrá de soportarse por el que realiza el desembolso por su sola decisión».

O también el **auto de la Audiencia Provincial de León n.º 68/2019, de 31 de julio, ECLI:ES:APLE:2019:1237A**:

> «(...) no puede concluirse que el suministro de esta vacuna sea necesario en el caso concreto, no constando en las actuaciones un informe médico que así lo imponga, sino una mera información genérica del uso de la vacuna, y la determinación como recomendable de su uso, no como necesario. Siendo prueba evidente de ello el hecho de que no se encuentra incluido en el calendario de vacunación, y que solo se suministra la vacunación de forma obligatoria cuando existe un riesgo para la salud del paciente, lo que en el presente caso no ocurre. Debiendo tener en cuenta que no se ha acreditado de forma concluyente que el otro progenitor hubiera prestado su consentimiento expreso con carácter previo a la adquisición de estos medicamentos, o con posterioridad, aun cuando pudiera haber acudido conjuntamente al pediatra en algunas ocasiones, y hubiera consentido el suministro de otras vacunas distintas a la ahora reclamada».

‖ Gastos de seguros de salud privados

Nuevamente nos encontramos ante un gasto ante el que las audiencias provinciales adoptan distintas posturas, si bien mayoritariamente se considera un gasto no necesario.

Así, el **auto de la Audiencia Provincial de Baleares n.º 224/2009, de 1 de diciembre, ECLI:ES:APIB:2009:336A**, entiende que la obligación del pago del seguro de salud privado solo puede imponerse cuando exista consenso entre las partes, o cuando lo imponga una autoridad judicial:

> «(...) en defecto de acuerdo al respecto en el Convenio regulador, el seguro médico privado se debe considerar un gasto extraordinario, habida cuenta de que no se acredita en autos que dicha inversión sea precisa, al estar la sanidad del menor cubierta por la Seguridad Social; por lo que, como tal gasto extraordinario, el abono de la citada partida debe estar informado por lo acordado en la sentencia objeto de ejecución, es decir, por el **consenso de las partes o por la imposición judicial**. Asimismo, se concuerda por la Sala que por el hecho de que el padre accediera con anterioridad a satisfacer, durante un número indeterminado de meses, el cincuenta por ciento de las indicadas cuotas, no puede presentarse como acto propio que le vincule a hacerlo indefinidamente (...)».

También el **auto de la Audiencia Provincial de Zaragoza n.º 211/2022, de 26 de octubre, ECLI:ES:APZ:2022:1162A**, lo entiende como un gasto no necesario:

«Sobre los gastos de fisioterapia y pastillas de colágeno no consta su prescripción médica en ambos casos ni se justifica por razones de urgencia o necesidad, existiendo oposición por parte del progenitor, así como la cuestión relativa al seguro médico que se trata de un gasto extraordinario no necesario al estar cubierta la asistencia de la menor por el sistema de salud pública (...)».

|| Gastos farmacéuticos

A la hora de decidir qué gastos farmacéuticos se encuentran incluidos y cuáles no, las distintas audiencias provinciales suelen atender al caso concreto, y al gasto del que se trate.

A modo de ejemplo podemos citar el **auto de la Audiencia Provincial de Burgos n.º 448/2021, de 30 de diciembre, ECLI:ES:APBU:2021:1031A**, que entiende que los gastos de farmacia reclamados de productos de higiene buco-dental no son un gastos extraordinario:

«La parte apelante refiere que los colutorios y el cepillo de dientes de 2018 (143,93 €) son gastos ordinarios.

Lo cierto es que ese gasto merece la condición de ordinario subsumible en el importe de la pensión alimenticia, pues es un gasto periódico que viene referido a la higiene buco-dental. Se estima el motivo».

También se rechaza la obligación del pago de los gastos de farmacia en el **auto de la Audiencia Provincial de Sevilla n.º 133/2022, de 5 de abril, ECLI:ES:APSE:2022:1131A**:

«6.- Gastos de farmacia: respecto a este concepto, la apelante aporta meras facturas de medicamentos y otros productos farmacéuticos (fs. 37-43), sin acreditar suficientemente —mediante informes clínicos, testificales médicas, etc.— que las mismas correspondan a tratamientos médicos no cubiertos por la Seguridad Social, como establece el convenio regulador. Consta asimismo la negativa del Sr. Miguel a asumir su pago (f. 41). No cabe, pues, catalogar ese gasto como extraordinario».

La **Audiencia Provincial de Barcelona en su auto n.º 344/2022, de 7 de octubre, ECLI:ES:APB:2022:12483A**, reconoce como extraordinario y necesario el gasto de tratamiento de un menor no cubierto por la sanidad pública, aunque la madre no hubiese guardado todos los recibos de farmacia, por entender que el tratamiento se sigue de forma ininterrumpida:

«En cuanto al medicamento que el hijo precisa, el padre no cuestiona que el mismo esté prescrito por el médico ni tampoco cuestiona que deba tomarse habitualmente, y que el coste de las dosis mensuales sea de 46,64 €, lo que opone es que la madre no ha justificado el pago más que de unos cuantos meses. Por su parte la ejecutante lo que menciona es que no guarda todos los tickets de la farmacia, pero que el tratamiento se sigue de forma ininterrumpida. No puede cuestionarse que el tratamiento está prescrito por el médico ni tampoco que el mismo se lleva a cabo regularmente por lo que el coste del mismo, se guarden o no los recibos de la farmacia, debe ser asumido por ambos progenitores, al estar así previsto en el título».

4.5. Gastos de campamentos, viajes y celebraciones (cumpleaños y comuniones)

Análisis jurisprudencial sobre la determinación como gastos ordinarios o extraordinarios de gastos de campamentos, viajes y celebraciones

‖ Gastos de campamentos y viajes (incluidos viajes de estudios)

En el caso de los campamentos y viajes de los hijos comunes, la tendencia mayoritaria los considera gastos extraordinarios no necesarios, y que, por tanto, necesitarían el consentimiento del otro progenitor para que se considere obligado al pago en la proporción establecida, si bien, el hecho de no mostrar su oposición al viaje es considerado en numerosas ocasiones como un consentimiento.

El auto de la Audiencia Provincial de Valencia n.º 625/2022, de 14 de diciembre, ECLI:ES:APV:2022:2216A, reconoce que el viaje de estudios de la hija en común debe considerarse como un gasto extraordinario al que deben contribuir ambos progenitores:

> «(...) el viaje de estudios de la hija pequeña resulta un gasto conveniente, al haber sido organizado por el centro escolar en el que estudiaba la hija, entonces menor de edad, y ser un gasto que la madre conocía y al que no se oponía, como manifestó en la prueba de interrogatorio, aunque alegara que no lo podía pagar, sin acreditarlo, reconociendo en la vista que actualmente está trabajando».

Con relación a un viaje realizado por una hija a Estados Unidos, el **auto de la Audiencia Provincial de A Coruña n.º 126/2022, de 3 de noviembre, ECLI:ES:APC:2022:1024A**, entiende que debe confirmarse la sentencia de primera instancia que no lo consideraba un gasto extraordinario necesario, y que por tanto requeriría acuerdo para poder reclamar el coste:

> ««(...) cuando se trata de realizar gastos de esta naturaleza, más aún cuando su importe es tan elevado como en este caso, es preciso consensuar la realización o no del mismo con el progenitor no custodio o

bien acudir a la vía judicial para obtener la declaración de su necesidad y/o conveniencia para el menor. En este caso no se produjo ninguno de estos hechos, sino que la ejecutante simplemente adoptó unilateralmente la decisión de realizar el gasto para ahora reclamar al ejecutado el abono de parte del mismo".

2.- Se asume la argumentación de la resolución recurrida. **La decisión fue tomada unilateralmente por la ejecutante y nos encontramos ante una suma elevada. No fue decidido de mutuo acuerdo entre ambos progenitores»**.

Por su parte la **Audiencia Provincial de Zamora, en su auto n.º 52/2022, de 20 de junio, ECLI:ES:APZA:2022:26A,** también entiende que estamos ante un gasto extraordinario, al que, en el caso concreto, el progenitor no se opuso:

«(...) 690 euros correspondientes al viaje de fin de curso que la hija de los litigantes realizó dicho año. Mantiene el apelante que el mero conocimiento del viaje y la intervención necesaria mediante su firma autorizando a su hija a efectuarlo, no convierte el gasto ordinario en extraordinario, entendiendo excesivamente extensiva la interpretación contraria. Debe desestimarse este motivo: Se trata de un acto imprevisto, pues no se previó ni pudo preverse en las medidas judiciales, y **no existe prueba o dato alguno por el que pueda inducirse que el padre se opusiera a dicho viaje;** más bien lo contrario. Por lo que aplicando la prueba de presunciones (ex art. 386.1 de la LEC), fijado como cierto que conocía el hecho del viaje y que autorizó el vuelo, y que era consciente de que ese gasto no era de los ordinarios y previstos, debe deducirse como lógica consecuencia que consintió en ello y en consecuencia debe asumirse su pago como extraordinario, resultando insuficiente la mera negativa al pago manifestada al ser demandado y en el acto del juicio en virtud de la supuesta oposición».

Con relación a los **campamentos y excursiones,** podemos citar el **auto de la Audiencia Provincial de Barcelona n.º 9/2023, de 13 de enero, ECLI:ES:APB:2023:64A,** que no los considera necesarios y por tanto requiere el consentimiento del progenitor no custodio:

«Las actividades extraescolares, tales como **excursiones, campamentos,** natación, música, judo, inglés, o similares, no tienen el carácter de gastos extraordinarios, en el sentido referido anteriormente, por cuanto les falta las notas características de tales dispendios.

Se trata de gastos que este Tribunal diferencia de las gastos de carácter extraordinario, pues son actividades extraescolares, que si bien han de ser atendidas en la proporción que se haya establecido en el título que es objeto de ejecución, entre ambos progenitores, **se precisa el consentimiento de ambos para llevarlas a cabo,** resolviendo en caso de discrepancia el órgano judicial sobre la conveniencia de llevarlas a cabo, en interés de los menores».

‖ Gastos por celebraciones: cumpleaños, comuniones...

Las celebraciones habituales en la vida de los menores, como cumpleaños, comuniones... no pueden considerarse como gastos extraordinarios necesarios. La decisión de hacer o no hacer la primera comunión es una decisión importante para la vida del menor y, por tanto, debería ser sometida al acuerdo entre ambos progenitores, y si existe discrepancia a resolución judicial, en eso inciden nuestras audiencias, a la hora de considerar el gasto como extraordinario y no necesario, que requiere del consentimiento para poder ser exigido.

La **sentencia de la Audiencia Provincial de Barcelona n.º 319/2011, de 27 de mayo, ECLI:ES:APB:2011:4420**, incide en la importancia del consenso entre ambos progenitores por la no necesidad del gasto:

> «(...) no es necesario traje especial alguno ni banquete, fotógrafos, recordatorios, flores y demás que se dice, para concurrir a una ceremonia religiosa, ni aunque se trate de la Primera Comunión; ceremonia ésta a la que concretamente se refiere la madre en la alegación tercera de su escrito de oposición al recurso paterno, ya que, si madre e hijas tuvieran ese deseo, muy respetable por otro lado, lo procedente será que ambos progenitores consensúen el gasto que ello conlleva; pero en modo alguno se puede imponer el mismo, como si de un gasto extraordinario se tratase».

A sensu contrario la **sentencia de la Audiencia Provincial de Barcelona n.º 116/2024, de 28 de febrero, ECLI:ES:APB:2024:1578**, señala que tanto el traje de bautizo como de comunión son gastos extraordinarios:

> «Es un gasto extraordinario el traje de bautizo y comunión del menor».

Para la **Audiencia Provincial de Almería en su sentencia n.º 147/2004, de 14 de junio, ECLI:ES:APAL:2004:789**:

> «En relación con los gastos extraordinarios de los hijos, que la sentencia recurrida distribuye por mitad entre ambos progenitores, dentro de los mismos han de incluirse, como señala dicha resolución en su Fundamento Jurídico Tercero, apartado 4º, todos aquellos que sean necesarios o convenientes para atender a los cuidados de los menores, básicamente en los ámbitos educativo y sanitario, entendiendo por tales los que no sean sufragados por los sistemas públicos de enseñanza y Seguridad Social, aunque no en exclusiva pues **también se encuadran en este concepto otro tipo de desembolsos de carácter excepcional, entre ellos los de celebración de bautizos o primera comunión o los de indumentaria para asistir a acontecimientos** de esta clase, sin ánimo de ser exhaustivos habida cuenta que no se trata de establecer un «numerus clausus» cuando, por propia definición, se trata de gastos a menudo imprevisibles».

En el mismo sentido, el **auto de la Audiencia Provincial de Lugo n.º 523/2007, de 11 de julio, ECLI:ES:APLU:2007:436A**, que señala que no cabe duda de que la celebración de **una comida familiar con motivo de la primera comunión debe considerarse como un gasto extraordinario**. En este caso concreto, **consta que el padre asistió a la ceremonia religiosa y que si no quiso ir al banquete —del que tuvo conocimiento— fue por motivos personales**. Asimismo, apunta que no es desproporcionada la cantidad que debe abonar para el referido banquete en relación con la posición económica de ambos progenitores que ascendió a 418 euros cada uno.

Si bien, con relación al convite de la primera comunión la **sentencia de la Audiencia Provincial de Granada n.º 389/2007, de 21 de septiembre, ECLI:ES:APGR:2007:2062,** entiende que **deben ser considerados gastos extraordinarios los referentes al evento pero solo en el marco religioso en el que se inserta, con excepción de la comida sobre la que no había acuerdo entre los progenitores,** por lo que el progenitor debe satisfacer todos los gastos acreditados por la progenitora, a excepción de la comida.

Por su parte, el **auto de la Audiencia Provincial de Cantabria n.º 47/2013, de 30 de abril, ECLI:ES:APS:2013:41A:**

> «La cuestión sometida a la consideración de esta Sala ha de resolverse teniendo en cuenta que el propio apelante reconoce que los gastos de la comunión de sus hijas merecen la conceptuación de «gastos extraordinarios», siendo además previamente consensuados por ambas partes; En consecuencia, carece el recurrente de fundadas y atendibles razones para oponerse al pago de la factura correspondiente a la adquisición de los vestidos de comunión, teniendo en cuenta que se trata de gastos suntuarios que, al igual que los del restaurante, son los propios y característicos de este tipo de celebraciones».

La **Audiencia Provincial de Baleares en su auto n.º 161/2003, de 17 de diciembre, ECLI:ES:APIB:2003:355A,** argumenta para indicar que los gastos de comunión no pueden ser considerados gastos ordinarios como sigue:

> «La «comunión» en la religión católica es un evento que tiene lugar una sola vez en la vida de las personas que practican dicha religión, y que en la actualidad excede de la intimidad familiar para convertirse en un acto o uso social ampliamente difundido y aceptado en nuestro país, por lo que su carácter de «extraordinario» no deja lugar a dudas».

En sentido contrario se ha pronunciado la **Audiencia Provincial de Granada en su auto n.º 10/2022, de 23 de febrero, ECLI:ES:APGR:2022:511A:**

> «Y lo mismo ha de decirse del vestido y los calcetines para la primera comunión, puesto que ya el propio acto de la primera comunión ha de considerarse una decisión relevante para la vida de la menor y someterse, por ende, a la consideración del progenitor no custodio y en caso de discrepancia a resolución judicial, teniendo en cuenta la opinión de la menor, conforme a lo establecido en el art. 156 del Código Civil, siendo, por ello, y aun en mayor medida exigible el consentimiento para incurrir en gastos como el del vestido de comunión, puesto que no se trata de un gasto estrictamente necesario y caben distintas alternativas a la elegida por la madre; siendo el caso que en el escrito de impugnación de la oposición se dice que fueron comunicados telefónicamente y por whatsapp, pero ello no se acredita».

En cuanto a las **celebraciones de cumpleaños** y los gastos que puedan suponer, no pueden considerarse gastos extraordinarios tal y como se recoge en el **auto de la Audiencia Provincial de Madrid n.º 124/2020, de 22 de abril, ECLI:ES:APM:2020:5838A**: «Por último, respecto de los gastos de la celebración del cumpleaños del menor no pueden considerarse gastos extraordinarios, ratificando lo expuesto por la juzgadora *a quo*».

En el mismo sentido se pronuncia el **auto de la Audiencia Provincial de Cáceres n.º 25/2003, de 12 de junio, ECLI:ES:APCC:2003:108A**, que señala:

> «Distinto tratamiento merece la cantidad reclamada por gastos de cumpleaños, por la sencilla razón que los mismos no están comprendidos ni en el concepto de educación, ni en el apartado sanitario, que son los dos conceptos básicos a que alude referida cláusula. En consecuencia, de la cantidad reclamada y por la que se ha despachado la ejecución debe excluirse la suma de 65,51 Euros, importe de los gastos de cumpleaños del año 2001, pues con independencia de no incluirse en el concepto de gastos extraordinarios, los mismos gastos del año 2002 fueron abonados por el padre».

4.6. Gastos de autoescuela: obtención del permiso de conducir

Análisis jurisprudencial sobre la determinación como gastos ordinarios o extraordinarios de gastos de autoescuela

Nuestra jurisprudencia menor suele considerar el permiso de conducir como parte de la formación de los hijos, considerándolo en la mayoría de los supuestos como un gasto extraordinario necesario, destacando que —su posesión— facilita la posterior inclusión al mercado laboral.

En este sentido, podemos citar, por ejemplo, el **auto de la Audiencia Provincial de Pontevedra n.º 17/2023, de 19 de enero, ECLI:ES:APPO:2023:32A**, o el **auto de la Audiencia Provincial de Sevilla n.º 133/2022, de 5 de abril, ECLI:ES:APSE:2022:1131A**, recogiendo la primera de ellas que «Revisada la prueba, procederá confirmar en el caso enjuiciado la calificación de gastos extraordinarios a los pagos efectuados por gafas y lentillas y farmacia, necesarios, suficientemente justificados e ineludiblemente conocidos por el progenitor obligado, del mismo modo que el desembolso puntual e imprevisible por un permiso de conducir que coopera a la formación integral del hijo, facilitando desplazamientos a actividades formativas así como posterior actividad laboral», y la segunda que:

> «Carné de conducir: es el único gasto no contemplado genéricamente en el convenio regulador, y debe convenirse con la apelante en que procede su catalogación como extraordinario. En primer lugar, se trata de un gasto imprevisto, no periódico y necesario atendiendo a las actuales

circunstancias sociales, facilitando indudablemente el desarrollo y las relaciones personales, así como el acceso al mercado laboral. Y, a mayor abundamiento, el propio apelado reconoce no haber respondido al correo electrónico donde la Sra. Begoña le informaba al respecto (f. 88); silencio que solo cabe interpretar como se indica en la oposición al recurso: «se entenderá prestada la conformidad si, requerido a tal efecto un progenitor por el otro [...] se dejare transcurrir un plazo de diez días hábiles sin hacer manifestación alguna» (f. 227); aceptación tácita que, obviamente, concurre en el presente caso».

El **auto de la Audiencia Provincial de Soria n.° 16/2018, de 30 de abril, ECLI:ES:APSO:2018:134A**, señala:

> «Los Gastos de obtención del carnet de conducir, del hijo Aquilino. Se trata de un gasto extraordinario por definición, y además necesario para casi cualquier actividad de su vida, por lo que los gastos generados por tal título habilitante para conducir, debe ser sufragada por ambas partes por mitad. El motivo se desestima».

Por otro lado, podemos citar el **auto de la Audiencia Provincial de Burgos n.° 360/2022, de 28 de noviembre, ECLI:ES:APBU:2022:516A**, que si bien entiende que es un gasto extraordinario, no lo entiende como necesario en todos los casos, sino que recoge que habrá que tener en cuenta las circunstancias del caso concreto, principalmente lo que recoja la sentencia que contiene las medidas, el importe del gasto, la capacidad económica de los progenitores, la urgencia del gasto, y las comunicaciones entre los progenitores:

> «Sin embargo, esta Sala sí se ha pronunciado en ocasiones precedentes sobre reclamaciones por estos mismos conceptos —compra de ordenador y obtención del carnet de conducir—, considerándolos, en principio, como "gastos extraordinarios" (así, v.gr., el Auto n° 139, de 30 de abril de 2.019, en relación a la compra de ordenador; o los Autos n° 322, de 9 de octubre de 2.020 y n° 280, de 30 de septiembre de 2.022, sobre obtención del permiso de conducir).
> Ahora bien, **que sean considerados "gastos extraordinarios" no significa que pueden ser siempre repercutidos al otro progenitor.** Habrá que atender para ello a las circunstancias concretas de cada caso y, entre ellas y fundamentalmente, a **lo dispuesto en la sentencia en virtud de la cual se reclaman,** al **importe del gasto y capacidad económica de los progenitores,** a la **urgencia y/o necesidad del gasto** en sí y a las **comunicaciones** que sobre el mismo hayan existido entre el que los reclama y el reclamado o el conocimiento que de ello tuviera este último.
> (...)
> Es evidente que contar con **carnet de conducir es algo siempre beneficioso** que, incluso, **puede llegar a considerarse "imprescindible" en determinadas circunstancias.** Pero no entendemos que lo sea así en el caso que ahora nos ocupa. Aquí lo único que nos consta, como ya hemos dicho, es que Aurelio cursa estudios de 2° en el referido Centro Educativo; y nada más. Y para eso, no es necesario, ni mucho menos, imprescindible, sacarse el carnet de conducir. Es más, por no constar, ni tan siquiera consta que disponga de vehículo.

Estamos hablando de un **"gasto extraordinario" de considerable cuantía**, 1.286,63 € —pues, obviamente, a los 1.228,63 €, deben añadirse los 58 € del test psicotécnico—, **que no consta en absoluto que resultara "necesario", ni mucho menos "urgente" al momento de su realización;** y que tampoco se justifica que fuera conocido ni, mucho menos, consentido por el padre aquí ejecutado, que era, además —debemos también destacarlo— el obligado a costearlo en nada menos que un 75 por ciento.

Es decir, se pretende imponer al ejecutado la asunción del 75 por ciento de un gasto que supera los 1.200 €, que no es ni urgente ni tan siquiera necesario, sin recabar previamente su conformidad y sin tan siquiera comunicárselo a los efectos de, al menos, manifestar su opinión.

Aquí la previsión de la sentencia no se respetó sin justificación alguna, y por ello, debemos excluirlo de la reclamación».

4.7. Gastos de ordenador

Análisis jurisprudencial sobre la determinación como gastos ordinarios o extraordinarios de gastos derivados de la compra de un ordenador

Dada la importancia que tiene en la actualidad que los jóvenes cuenten con un ordenador, tanto a nivel formativo como laboral, es mayoritaria la tendencia de las audiencias a reconocer dicho gasto como un gasto extraordinario y necesario, cuando el mismo no sea un gasto desproporcionado en relación con la capacidad económica de los progenitores.

A modo de ejemplo, podemos citar el **auto de la Audiencia Provincial de León n.º 68/2022, de 20 de mayo, ECLI:ES:APLE:2022:805A:**

«Estos requisitos concurren en los gastos de ordenador impugnados por el apelante que la resolución recurrida declara procedentes; se trata de un gasto caracterizado por la excepcionalidad, unicidad y no reiteración periódica, que es necesario como herramienta para la formación educativa en una joven que cuenta con 17 años cuando se adquiere el dispositivo, y cuyo importe de 599 € no cabe entender desproporcionado.

Y es que, como ha declarado esta Audiencia el gasto de adquisición de un ordenador "merece la consideración de gasto extraordinario porque es un instrumento necesario e indispensable para la formación de la hija, tratándose de una adquisición puntual y que, en principio, no es previsible requiera renovación en cierto tiempo" (AAP León, secc. 1, del 10/02/2020, rec. 879/2020); es "un instrumento necesario para los menores y jóvenes, en cuanto que no solo contribuye a facilitar sus tareas escolares, y formativas, sino que además se convierte en una herramienta de trabajo necesaria, ya que algunas de las actividades se marcan por los profesores a través del correo electrónico, y para la realización de los trabajos se precisa de un ordenador o Tablet, necesariamente el importe de dicho aparato, que tanto por su coste, como por que no se trata de un gasto habitual y ordinario, encaja dentro del concepto de gasto extraordinario, ha de ser abonado al 50 por ciento por el recurrente" (AAP León, secc. 2, del 06/06/2019, rec. 50/2019)».

En el mismo sentido, el **auto de la Audiencia Provincial de Valencia n.º 185/2022, de 28 de marzo, ECLI:ES:APV:2022:2075A**, recoge el gasto de ordenador como un gasto extraordinario necesario: «(...) También se consideran extraordinarios, el ordenador para la universidad, por ser una herramienta necesaria para sus estudios y exceder su importe del ordinario material escolar (...)».

Postura distinta es la mantenida por la **Audiencia Provincial de Jaén, en su auto n.º 254/2022, de 16 de junio, ECLI:ES:APJ:2022:613A**, que entiende que al no existir el consentimiento del progenitor no puede ahora repercutírsele el gasto: «Finalmente, lo mismo se puede mantener respecto de los gastos de ordenador portátil, comprado para auxiliar esos estudios superiores y de cuya necesidad no se duda, pero lo que si queda claro es que dicha compra nunca fue consensuada como debió y tampoco se justifica que el precio de 575 € sea el normal del mercado para cubrir tales necesidades o excede de las mismas».

Por otra parte, también existen pronunciamientos en que se sostiene el carácter ordinario del gasto en el ordenador, así, citar el **auto de la Audiencia Provincial de Badajoz n.º 124/2024, de 8 de noviembre, ECLI:ES:APBA:2024:412A**, conforme al cual:

> «Aplicando al supuesto enjuiciado la normativa y doctrina jurisprudencial citada llegamos a la conclusión, de forma acorde con la interpretación que viene manteniendo esta Sala, que procede estimar el recurso de apelación interpuesto y revocar parcialmente la resolución recurrida en el sentido solicitado por el recurrente y ello por considerar que los gastos de residencia universitaria y ordenador que el auto apelado declara como gastos extraordinarios tendrían, con carácter general, la naturaleza de gastos ordinarios sin que, en el supuesto enjuiciado, concurran circunstancias especiales que afecten a dicha consideración».

CUESTIONES

1. ¿Pueden considerarse los gastos de una impresora como gastos extraordinarios necesarios?

Tal y como sucede en la mayoría de los casos aquí tratados, habrá que atender a las circunstancias del caso concreto, si bien, por ejemplo, el **auto de la Audiencia Provincial de Córdoba, n.º 301/2022, de 12 de julio, ECLI:ES:APCO:2022:173A**, sí reconoce la posibilidad de reclamar este gasto como extraordinario:

> «Especial mención merece la impresora que entiende la parte que había una en la casa y que no se le acredita que la misma se hubiese roto. No es nada nuevo lo que se ha venido a denominar obsolescencia programada de este tipo de dispositivos, también las impresoras, y nada se indica sobre las características de esa impresora que debió de conocer el recurrente en momentos de convivencia de la familia,

ni su antigüedad para considerar raro que la misma ya no sirviera y tuviera que ser sustituida por otra. Ha de resaltarse aquí que estamos hablando de una sentencia de separación de 2014, con lo que lo que se plantea era la supervivencia de una impresora existente ya antes y comprada en momento anterior. Correlativamente esa misma respuesta merece lo que se refiere a los consumibles que precise esa impresora, los cartuchos de tinta propios de esa impresora.

Se ha de considerar que ordenador y esos otros accesorios son material escolar pero con la consideración de imprevisible en su momento, lo que hace que no pueda considerarse ni incluido en la pensión de alimentos, más aun cuando expresamente ya se regulaba en la sentencia de divorcio, con la modificación posterior, una participación igualitaria en el material escolar, excluidos libros de texto.

Por lo tanto, también se ha de considerar esta partida como gastos extraordinarios a compartir entre los progenitores».

2. ¿Puede plantearse ante el TS recurso de casación por la sentencia que establece una pensión de alimentos incluyendo un gasto concreto en la misma, si consideramos que ese gasto debe ser considerado como extraordinario?

El TS en su auto, rec. 720/2020, de 7 de octubre, ECLI:ES:TS:2020:8484A, ha repetido en numerosas ocasiones que el recurso de casación no puede considerarse como una tercera instancia, y que no entra a valorar el criterio de proporcionalidad empleado por el tribunal de instancia, no revisando por tanto los gastos que se incluyen en la pensión de alimentos:

«(...) la cuestión planteada, de revisión del juicio de proporcionalidad de los alimentos debidos a los hijos, entra de lleno en el espacio de los pronunciamientos discrecionales, facultativos o de equidad, que constituye materia reservada al Tribunal de instancia y realizar la resolución impugnada un juicio razonado de proporcionalidad.

(...)

No obstante, y en aras la mayor tutela judicial, debemos añadir que esta sala ha declarado en sentencia 165/2014, 28 de marzo de 2014 que: "[...] el juicio de proporcionalidad del artículo 146 CC 'corresponde a los tribunales que resuelven las instancias y no debe entrar en él el Tribunal Supremo a no ser que se haya vulnerado claramente el mismo o no se haya razonado lógicamente con arreglo a la regla del art. 146', de modo que la fijación de la entidad económica de la pensión y la integración de los gastos que se incluyen en la misma, 'entra de lleno en el espacio de los pronunciamientos discrecionales, facultativos o de equidad, que constituye materia reservada al Tribunal de instancia, y por consiguiente, no puede ser objeto del recurso de casación' (SSTS de 21 noviembre de 2005; 26 de octubre 2011; 11 de noviembre 2013, 27 de enero 2014, entre otras) [...]"».

En la misma línea, resulta interesante el ATS, rec. 21/2024, de 6 de marzo, ECLI:ES:TS:2024:2909A.

5.
ESPECIALIDADES DEL DERECHO AUTONÓMICO

Regulación autonómica en materia de gastos de los hijos

El Código Civil recoge la regulación general de los efectos de la separación y el divorcio, sin embargo, también debemos tener presente los derechos autonómicos pues en muchos de ellos se recogen ciertas especialidades en su regulación.

‖ Cataluña

El Código Civil de Cataluña recoge en sus arts. 236-8 y siguientes el **ejercicio de la potestad parental**. El CCCat señala la **obligación de ambos progenitores de contribuir al sostenimiento de sus hijos** disponiendo en su art. 236-17.1 del CCCat que:

> «1. Los progenitores, en virtud de sus responsabilidades parentales, deben cuidar de los hijos, **prestarles alimentos en el sentido más amplio**, convivir con ellos, educarlos y proporcionarles una formación integral. Los progenitores tienen también el deber de administrar el patrimonio de los hijos y de representarlos».

En cuanto a la obligación de prestarles alimentos se concreta en el art. 237-1 del CCCat que establece que **por alimentos se entiende todo cuanto sea indispensable para el mantenimiento, vivienda, vestido, y asistencia médica de la persona alimentada, así como los gastos para la formación,** tanto si es menor como si es mayor pero no ha terminado antes su formación por una causa que no le sea imputable siempre y cuando mantenga un rendimiento regular. También se incluyen los gastos funerarios para el caso de que no estén cubiertos de otra forma.

A TENER EN CUENTA. Con relación a los gastos extraordinarios el CCCat no aporta una definición concreta, debiendo estarse a lo dispuesto por los tribunales y por el Código Civil.

|| Navarra

En el ámbito de la Comunidad Autónoma de Navarra debemos atender a lo dispuesto en la Ley 1/1973, de 1 de marzo, por la que se aprueba la Compilación del Derecho Civil Foral de Navarra.

Comienza el título V señalando en la ley 64 de la Ley 1/1973, de 1 de marzo que *«Se denomina responsabilidad parental al conjunto de deberes y facultades que corresponden a los progenitores sobre sus hijos menores de edad no emancipados con la finalidad de procurar su pleno desarrollo de acuerdo con su personalidad e interés superior y con respeto a sus derechos y a su integridad (...)».*

La ley 65 de la Compilación del Derecho Civil Foral de Navarra recoge el **contenido de la responsabilidad parental** señalando como uno de los deberes que comprende la misma la de procurarles a los hijos **todo lo necesario para su alimentación, vestido, habitación, educación y formación integral y asistencia física, psíquica y emocional.**

La fijación de la responsabilidad parental en los casos de separación o divorcio puede hacerse mediante el pacto de parentalidad o en su defecto por resolución judicial.

El **pacto de parentalidad** se regula en la ley 69 de la Ley 1/1973, de 1 de marzo, y en el mismo se fija que el pacto se presentará por los progenitores como parte integrante del convenio regulador y en el mismo se **debe incluir:**

> «1. El **lugar o lugares donde vivirán los hijos** con uno y otro en cada momento, estableciendo cuál de ellos figurará a efectos de empadronamiento, así como el modo en que compartirán la adopción de todas las decisiones que sean relevantes para el desarrollo de la personalidad de sus hijos.
>
> 2. Los **períodos de convivencia y estancia de los hijos con cada progenitor**, la forma de comunicación de los mismos con el que en cada momento no los tenga bajo su cuidado y los aspectos personales y económicos que afecten al cambio de guarda entre ambos.
>
> 3. Las **tareas de las que se responsabiliza cada uno de ellos** en las actividades escolares y extraescolares diarias de los menores con mención, en su caso, de la intervención o ayuda de terceras personas y el medio por el que se transmitirán recíprocamente toda la información relevante de sus hijos.
>
> 4. Los **medios y forma de contribución económica** de cada uno al sostenimiento de todas las necesidades **ordinarias y extraordinarias de sus hijos,** especificando unas y otras, con expresión de las circunstancias de toda índole que hayan fundamentado su establecimiento.
>
> 5. El **uso y destino de la que fue durante la convivencia la vivienda familiar y del ajuar contenido en ella,** con la atribución, en su caso, del derecho de uso a uno de ellos o a ambos, duración y condiciones del mismo y repercusión que tal atribución tenga en la contribución al sostenimiento de las necesidades de los menores.
>
> 6. El **modo en que los menores se relacionarán con otros familiares y allegados** cuando ello se considere necesario para respetar su interés

y siempre que conste el consentimiento de las personas con las que se establezcan las relaciones.

Los progenitores podrán incluir en el pacto de parentalidad su compromiso de recurrir a la mediación familiar para resolver las diferencias derivadas de su aplicación».

En los supuestos en los que deba ser el juez quien determine la responsabilidad parental en lo referente a la contribución al sostenimiento de los menores se debe estar a lo señalado en la **ley 73 de la Compilación del Derecho Civil Foral de Navarra** que realiza la distinción entre los gastos ordinarios y los extraordinarios.

|| Gastos ordinarios

Los gastos ordinarios son todo aquellos que son **indispensables para la alimentación, habitación, asistencia médica, vestido y formación básica integral** de los hijos menores.

La contribución de los progenitores a estos gastos se hará en **atención a las necesidades y en proporción a los medios económicos** con que puedan satisfacerlos. El juez para su establecimiento tendrá en consideración: el sistema de guarda y custodia diario establecido y la dedicación personal de uno y otro progenitor a cubrir todas las atenciones que los menores requieran.

El juez determinará la forma, tiempo, actualización y, en su caso, las garantías que aseguren la adecuada administración y abono de los gastos de los menores. La contribución a los gastos ordinarios **podrá hacerse mediante una aportación periódica** que un progenitor abone al otro, **o en el ingreso** por ambos de una cantidad, igual o desigual, **en un fondo común** cuya gestión será atribuida por el juez a favor de uno o de ambos progenitores, de forma conjunta o alterna.

|| Gastos extraordinarios

Los gastos extraordinarios son todos aquellos de **carácter imprevisible en el momento de establecer la contribución al sostenimiento ordinario de los menores.** En este caso el juez debe establecer la proporción en que cada progenitor debe afrontar los que sean necesarios de conformidad con la capacidad económica de uno y otro.

Sin perjuicio de que el juez determine otros gastos en el supuesto concreto, como regla general, **se consideran necesarios:**

- Los gastos que sean **indeclinables por su naturaleza o urgencia.**
- Los **sanitarios** no cubiertos por los seguros sociales o privados de los progenitores.
- Los **educativos complementarios** requeridos para el desarrollo y la formación integral de los hijos con inclusión de los universitarios o de capacitación profesional.

Si se trata de **otra clase de gastos** los progenitores los afrontarán en la proporción que el juez establezca siempre que **hayan sido consentidos**, expresa o tácitamente, por ambos progenitores, en caso de que **no se logre el común consentimiento se abonarán por el progenitor que haya decidido su realización.**

Cuando exista discrepancia entre los progenitores acerca de la necesidad de un gasto extraordinario será el juez quien determine la misma y acordará cómo debe afrontarse su abono, sin perjuicio de que pueda someterse la cuestión a mediación familiar.

| País Vasco

La Ley 7/2015, de 30 de junio, de relaciones familiares en supuestos de separación o ruptura de los progenitores fue aprobada por el Parlamento Vasco con el objetivo primordial de defender el interés superior de los hijos e hijas menores en los casos de ruptura de la relación de sus progenitores, así como ayudar en la promoción de la igualdad. Esta ley resulta de aplicación en el ámbito territorial de la Comunidad Autónoma de Euskadi siempre que el progenitor o progenitores que tengan la autoridad parental sobre sus hijos o hijas ostenten la vecindad civil vasca.

CUESTIÓN

¿Qué ocurre si un progenitor tiene vecindad vasca y el otro no?

Para este supuesto el art. 2 de la Ley 7/2015, de 30 de junio, señala en sus apartados 2 y 3:

«2.- Si uno de ellos ostenta la vecindad civil vasca y el otro no, se estará a la vecindad civil vasca, si es la elegida por ambos progenitores en documento auténtico otorgado antes de la celebración del matrimonio o constitución de la pareja de hecho.

3.- En su defecto, se estará a la del lugar de la residencia habitual común del matrimonio en el momento de presentación de la demanda o, en el caso de las parejas de hecho, de la residencia inmediatamente anterior a la disolución de la pareja de hecho, si se hallan situados en el territorio de la Comunidad Autónoma de Euskadi».

El art. 7.1 de la Ley 7/2015, de 30 de junio, establece que **a falta de acuerdo entre las partes será el juez quien determine las medidas** que hayan de regir las relaciones familiares a las que se refiere la ley tras la ruptura de la convivencia. La posibilidad de **acuerdo** entre los progenitores puede darse por medio de **convenio regulador** —conforme al art 5 de la Ley 7/2015, de 30 de junio— que debe presentarse junto con la demanda y en el que debe contenerse la contribución a las cargas familiares y a los alimentos de los menores, respecto a las necesidades tanto ordinarias como extraordinarias. En caso de que no exista acuerdo los progenitores podrán en todo momento someter voluntariamente sus discrepancias a **mediación familiar** —según lo regula el art. 6 de la Ley 7/2015, de 30 de junio—.

El art. 10 de la Ley 7/2015, de 30 de junio, recoge la regulación de la pensión de alimentos, cargas familiares y gastos extraordinarios. En su primer apartado se refieren que cuando proceda, esto es cuando no haya acuerdo, **el juez determinará:**

- La **contribución de cada progenitor** al sostenimiento de las cargas familiares y la pensión de alimentos para satisfacer las necesidades de los hijos e hijas.

- La **proporción** en la que deben contribuir a los gastos por sus necesidades extraordinarias.
- La **periodicidad, forma de pago y bases de actualización** de las anteriores.

Asimismo, el juez adoptará las medidas convenientes para asegurar la efectividad y acomodación de las prestaciones a las circunstancias económicas y necesidades de los hijos e hijas en cada momento.

Esta regulación recoge la definición de lo que se considera gasto ordinario y gasto extraordinario indicando en este sentido el apartado 2 del art. 10 de la Ley 7/2015, de 30 de junio:

> «2.- Deben considerarse **gastos necesarios ordinarios** los que los hijos e hijas **precisen de forma habitual y cuyo devengo sea previsible**, así como cualesquiera otros que los progenitores pacten como tales.
>
> Por el contrario, serán **gastos extraordinarios**, a los efectos de lo dispuesto en este artículo, aquellos que **se produzcan por necesidades imprevisibles e indeclinables** de los hijos e hijas y, **en todo caso**, los **gastos sanitarios** no cubiertos por el sistema público de salud o por seguro médico, así como los de **educación y formación por actividades convenientes**, pero no obligatorias, para los hijos e hijas, siempre que exista acuerdo sobre ellas.
>
> No se considerarán incluidos en ninguno de los párrafos anteriores aquellos gastos voluntarios que, aunque sean continuados, no respondan a necesidades de los hijos e hijas pero se consideren adecuados para ellos, en cuyo caso serán abonados únicamente por el progenitor que así lo estime».

Para el **cálculo de la prestación de alimentos por gastos ordinarios** se tendrán en cuenta:

- Las necesidades de los hijos e hijas.
- Los recursos económicos de cada miembro de la pareja.
- El tiempo de permanencia de los hijos e hijas con cada uno.
- La atribución que se haya realizado del uso de la vivienda familiar.
- El lugar en que se haya fijado la residencia de los hijos e hijas.
- En su caso, la contribución a las cargas familiares.

Acerca de la determinación de la prestación de alimentos se ha pronunciado la Audiencia Provincial de Bizkaia en su **sentencia n.º 951/2022, de 28 de septiembre, ECLI:ES:APBI:2022:2213:**

> «El artículo 10.3 de la Ley 7/ 2015 de 5 junio del País Vasco establecen los datos que deben valorarse en la determinación de la contribución de los progenitores a los alimentos de los hijos, que es la norma de aplicación al caso, señala como **datos a valorar las necesidades de los hijos**, los **recursos económicos** de los progenitores, el **tiempo de permanencia** de los hijos con cada uno, la **atribución del uso de la vivienda**, el **lugar en el que hubieran fijado la residencia los hijos** y la **contribución a las cargas** en su caso.

La STS 16 Julio 2002 (EDJ 28318 /2002), recuerda que la obligación de prestar alimentos debe satisfacerse por ambos progenitores sin perjuicio de la distribución que se haga entre uno y otro atendiendo a las posibilidades de uno y otro, y proporcionalidad entre el caudal y medios de quien los da y las necesidades de quien los recibe (art. 146) bien que en interpretación flexible y favorable a la atención de las necesidades del menor y más recientemente se ha pronunciado en el mismo la STS 8 marzo 2017».

En el caso de los **gastos extraordinarios** estos serán sufragados por los progenitores **en proporción a sus recursos económicos disponibles.** Los **gastos voluntarios** no necesarios se **abonarán en función de los acuerdos** a los que lleguen y, en defecto de acuerdo, los abonará el progenitor que haya decidido su realización.

El art. 10 de la Ley 7/2015, de 30 de junio, en su apartado 4 se refiere a los supuestos en los que en el domicilio familiar conviva **hijos e hijas mayores de edad que carezcan de ingresos propios.** En este caso el juez a instancia del progenitor con el convivan los hijos mayores fijará, en la misma resolución, los alimentos que sean debidos conforme a la normativa en vigor. En caso de hijos mayores de edad la pensión de alimentos **podrá ser asignada directamente a los mismos** en atención a las circunstancias concurrentes, sin perjuicio de la contribución que estos deban realizar al levantamiento de las cargas familiares. En cuanto al mantenimiento de la prestación de alimentos una vez que los hijos han alcanzado la mayoría de edad se ha pronunciado la **SAP de Gipuzkoa n.º 620/2022, de 29 de julio, ECLI:ES:APSS:2022:899,** que aunque se refiere a la regulación del CC se ajusta al contenido definido en el precepto mencionado señalando lo siguiente:

> «La mayoría de edad no elimina el derecho de los hijos a exigir alimentos a los padres pues del articulo 143 CC se desprende que la obligación reciproca de alimentos, en los términos establecidos en el artículo 142 CC, se extiende a los ascendientes y descendientes, en consonancia con el artículo 93 del CC, que establece que en el caso de los hijos mayores de edad que convivan en el domicilio familiar y carezcan de ingresos propios, el Juez fijará los alimentos que sean debidos conforme a los artículos 142 y siguientes del mismo Código.
>
> En función de ello, el Tribunal Supremo, entre otras en sentencias de 5 de noviembre de 2008 o de 10 de octubre de 2014 , indica que " los alimentos a los hijos no se extinguen por la mayoría de edad, sino que la obligación se extiende hasta que los hijos alcancen la suficiencia económica, siempre y cuando la necesidad no haya sido creada por la conducta del propio hijo ".
>
> La excepción se sitúa por tanto en la imputabilidad al alimentista de la causa del estado de necesidad. En todo caso el deber de procurar alimentos ha de prolongarse durante la etapa formativa del mayor de edad, salvo que concurra en el alimentista una falta de diligencia en el trabajo o falta de predisposición para acceder al mercado laboral (sentencia núm. 318/2018 de 11 abril de la Audiencia Provincial de Málaga, Sección 6ª). Incluso se ha aceptado por la jurisprudencia el mantenimiento de la pensión alimenticia de los hijos que aun habiendo ya obtenido titulación profesio-

nal o universitaria, no han encontrado aun trabajo, a pesar de desplegar la diligencia requerida en la búsqueda de empleo o cuando únicamente han conseguido trabajos esporádicos, inestables o que generen ingresos insuficientes para subvenir a sus necesidades (STS 21 de noviembre de 2014, SAP Coruña 10 de abril de 2019). En concreto señala la SAP Málaga Sección 7 de 18 de septiembre de 2019 que no puede establecerse como presunción la previsibilidad de acceso al mercado laboral con base exclusivamente en la titulación académica obtenida, que la diligencia del hijo en su formación y el intento serio en la obtención de trabajo deben ser valorados como factores para decidir la imputabilidad de la situación de necesidad, y que la satisfacción de las necesidades básicas requiere una profesión u oficio de una manera más o menos permanente, con posibilidad concreta y eficaz según las circunstancias, no siendo bastante para su cobertura los trabajos esporádicos, inestables, de pocos días, o de unas horas a la semana».

| Comunidad Valenciana

La Comunidad Valenciana había aprobado la Ley 5/2011, de 1 de abril, de relaciones familiares de los hijos e hijas cuyos progenitores no conviven, con entrada en vigor el 5 de mayo de 2011. Sin embargo, esta norma fue **declarada inconstitucional** por **sentencia 192/2016, de 16 de noviembre, ECLI:ES:TC:2016:192,** en la que se estableció en cuanto al alcance de la declaración de inconstitucionalidad:

«En cuanto al alcance de nuestro pronunciamiento de inconstitucionalidad debe precisarse que **no afectará a las situaciones jurídicas consolidadas,** pues este Tribunal entiende que las decisiones adoptadas por los órganos judiciales durante la vigencia de la Ley 5/2011 que ahora se declara inconstitucional, en relación a la fijación de un determinado régimen de guardia y custodia para los hijos menores —independientemente de cuál fuera el régimen que indiquen como preferente o deseable los legisladores estatal y autonómico—, se fundaron en la recta aplicación del principio que rige esta materia que no es otro que el del beneficio y protección del interés del menor. Asimismo, conforme al principio constitucional de seguridad jurídica, procede el mantenimiento de las referidas situaciones ya consolidadas con anterioridad al momento de la presente resolución.

Por todo lo cual, los regímenes de guardia y custodia establecidos judicialmente en los casos que hubieran sido pertinentes, adoptados bajo la supervisión del Ministerio Fiscal y en atención al superior beneficio de los menores, seguirán rigiéndose, tras la publicación de esta Sentencia, por el mismo régimen de guarda que hubiera sido en su momento ordenado judicialmente, sin que este pronunciamiento deba conllevar necesariamente la modificación de medidas a que se refiere el art. 775 LEC».

ANEXO I.
CASOS PRÁCTICOS

Caso práctico | ¿Es posible subsanar la falta de ejercicio del incidente del art. 776.4 de la LEC en el procedimiento de ejecución de un gasto extraordinario?

PLANTEAMIENTO

El progenitor X inicia ejecución del gasto extraordinario relativo a los estudios universitarios privados del hijo. A la solicitud responde el progenitor Y alegando que este gasto no se encuentra previsto en el convenio regulador y que él se opone al mismo. Teniendo en cuenta que el progenitor X no acudió con carácter previo al incidente previsto en el art. 776.4.ª de la LEC, sino que inició directamente el proceso de ejecución, ¿es posible que pueda entenderse subsanado el defecto en el procedimiento de ejecución?

RESPUESTA

Sería posible la subsanación de la falta de ejercicio del incidente previo a la ejecución siempre que no se produzca indefensión de la parte ejecutada. Teniendo en cuenta que el gasto no se encontraba determinado en el convenio como gasto extraordinario, sería necesario determinar esta naturaleza por medio del incidente previsto en el art 776.4.ª de la LEC que dispone:

> «4.ª Cuando deban ser objeto de ejecución forzosa gastos extraordinarios, no expresamente previstos en las medidas definitivas o provisionales, deberá solicitarse previamente al despacho de ejecución la declaración de que la cantidad reclamada tiene la consideración de gasto extraordinario. Del escrito solicitando la declaración de gasto extraordinario se dará vista a la contraria y, en caso de oposición dentro de los cinco días siguientes, el Tribunal convocará a las partes a una vista que se sustanciará con arreglo a lo dispuesto en los artículos 440 y siguientes y que resolverá mediante auto».

En caso de que la parte ejecutante no acudiese a dicho incidente, el ejecutado puede oponerse alegando defectos procesales conforme al art. 559.1.3.º de la LEC.

Sin embargo, en el caso de que el ejecutado en su oposición no alegue dicho defecto, sino que se oponga señalando las razones por la cuales considera que el gasto no tiene naturaleza extraordinaria, aportando las pruebas que considera oportunas, y que por tanto no debe ejecutarse, si el juzgado se pronuncia estableciendo que el gasto reclamado efectivamente es un gasto extraordinario que debe abonar el ejecutado, puede procederse a la ejecución. Esto es así, justificado en el hecho de que no puede considerarse que se haya producido una indefensión.

En este sentido se ha pronunciado la **Audiencia Provincial de Gipuzkoa en su auto n.º 13/2018, de 24 de julio, ECLI:ES:APSS:2018:608A**, señalando en un caso similar:

> «Ahora bien, lo cierto es que la omisión de dicho trámite ninguna indefensión ha causado a la parte apelante a los efectos que nos ocupan. Antes bien, cuando como ha quedado dicho ha sido la propia parte ahora apelante quien

en escrito de oposición a la ejecución articula como motivo de oposición de fondo las alegaciones fundamento de su discrepancia a la consideración de los gastos reclamados como gastos extraordinarios y exigibilidad, ha propuesto también la prueba que ha estimado oportuna, y con observancia del principio de contradicción de la parte adversa, la Juzgadora resuelve dicha discusión u objeto de controversia.

Siendo esto así, no ha lugar a la pretensión de dejar sin efecto el despacho de ejecución en base a este motivo de recurso, ya que podemos concluir que la resolución apelada opera una suerte de eficacia de convalidación de las actuaciones, debiendo de recordarse que, como dijo el Tribunal Constitucional en sentencia de 26 de abril de 1999 , ' las nulidades procesales deben estar al servicio de los derechos y garantías constitucionales de los ciudadanos, nunca para quebrantarlos '; lo que debe inspirar la aplicación de lo dispuesto en el art. 230 LEC y en el art. 243 LOPJ cuando, recogiendo el principio de conservación de los actos procesales, establece que 'la nulidad de un acto no implica la de los sucesivos que fueren independientes de aquel ni la de aquellos cuyo contenido hubiese permanecido invariado aún sin haberse cometido la infracción que dio lugar a la nulidad' , supuesto este último en que cabe incardinar el que nos ocupa habida cuenta que la resolución apelada contiene la declaración de gasto extraordinario y su exigibilidad.

Es decir, si lo que puede llevar a la nulidad del despacho de ejecución es la falta de declaración previa de gasto extraordinario y su exigibilidad, habiendo mediado tal declaración con observancia de los principios de audiencia y contradicción siquiera en incidente de oposición a la ejecución, ha de considerarse subsanada la razón que determinaría la nulidad».

Caso práctico | ¿Puede el progenitor no custodio reclamar el pago de gastos ordinarios y extraordinarios?

PLANTEAMIENTO

El padre de dos menores cuya custodia tiene atribuida la madre ha realizado diversos pagos de gastos que pueden considerarse ordinarios y extraordinarios. ¿Puede reclamarle a la madre el pago de estos?

RESPUESTA

El padre que no tenga atribuida la custodia únicamente podrá reclamar la parte de los gastos extraordinarios que le corresponda asumir a la madre, pero en ningún caso los gastos ordinarios.

En este sentido se ha pronunciado la **Audiencia Provincial de Burgos en su auto n.º 104/2018, de 28 de marzo, ECLI:ES:APBU:2018:514A**, que con relación a la reclamación de gastos ordinarios, entre los que incluye vestido, calzado y móvil, dice que es la progenitora que ostenta la guardia y custodia de los hijos la que está facultada para administrar la pensión de alimentos y tomar las decisiones correspondientes a la hora de realizar los gastos ordinarios. Si el progenitor no custodio considera que por parte de la madre no se cumplen los deberes de custodia, podría instar una modificación de medidas o incluso si lo que pretende es el reintegro de los gastos satisfechos, podría instar el declarativo correspondiente en virtud del art. 1158 del Código Civil.

Respuesta distinta merece la reclamación de los gastos extraordinarios realizados por el progenitor no custodio, que sí podrán ser reclamados a la madre cuando los mismos sean necesarios, o hayan obtenido el consentimiento de esta, disponiendo el mentado auto que:

> «A diferencia de las partidas analizadas hasta ahora, las relativas a los gastos extraordinarios sí están amparadas por el título ejecutivo invocado (puesto que el convenio distribuye los mismos al 50% entre los cónyuges, y uno de ellos puede exigir del otro el pago de lo que le corresponde(...)».

Caso práctico | El alcance del título ejecutivo para ejecutar gastos extraordinarios no expresamente previstos

PLANTEAMIENTO

El progenitor que no tiene la custodia considera que los niños no están suficientemente atendidos y procede a comprarles ropa y libros, así como a abonarles las clases extraescolares y el comedor. ¿Tendría el auto o sentencia que regula las medidas y establece que los gastos extraordinarios serán abonados por mitad, alcance suficiente para poder obtener el reembolso ejecutando el mismo?

RESPUESTA

No, el título ejecutivo que regula las medidas no es suficiente para ejecutar al progenitor dado que no establece esas medidas en concreto.

Así se refleja en el **auto de la Audiencia Provincial de Valladolid n.º 165/2022, de 28 de junio, ECLI:ES:APVA:2022:875A**, en un supuesto en el que el padre, a pesar de no tener la custodia procedió a comprar libros y ropa a los hijos, y pretendía su reembolso ejecutando el auto que recogía las medidas. Además, también pretendía mediante el proceso de ejecución reclamar a la madre el gasto de actividades extraescolares, e incluso la obligación de llevar a los hijos al comedor, por entender que en las medidas se le atribuía la custodia lo que conlleva la obligación de darles a los hijos una alimentación adecuada, que según el progenitor no custodio no se estaba cumpliendo. La AP se muestra contundente al analizar el insuficiente alcance del título ejecutivo, en este caso el auto que establece las medidas, para reclamar cantidad alguna ni para imponer al progenitor custodio ninguna obligación que no apareciera recogida en el mentado título:

> «(...) el padre carece de título para repetir en sede ejecutiva cantidad alguna contra la madre por razón de gastos ordinarios como son la ropa o los libros de los que el padre se haya hecho cargo, o para exigir a la madre que lleve al hijo a la escuela de porteros o a las niñas al comedor y sufrague su coste».

La AP llega incluso a plantear acciones alternativas que podrían haber sido ejercitadas por el progenitor:

> «Si el ejecutante discrepa sobre la forma en que la madre ejerce la patria potestad, podrá suscitar esta última cuestión en el correspondiente procedimiento de jurisdicción voluntaria. Si considera que la madre incurre en un inadecuado ejercicio de la guarda y custodia, podrá plantear la correspondiente modificación de medidas o, incluso, procedimiento para la suspensión o privación de la patria potestad. Si lo que quiere es reclamar una cantidad pagada por cuenta de la madre (pago por tercero) deberá acudir al procedimiento ordinario. Y si lo que quiere es reclamar el reintegro del 50% de un gasto extraordinario, previamente deberá obtener, a través del incidente del art. 776.4 LEC, la

declaración de que tal gasto es, efectivamente, un gasto extraordinario del que la madre debe hacerse cargo en un 50%.

Lo que en ningún caso puede hacer y ha hecho con evidente defecto de técnica procesal es plantear en sede ejecutiva una reclamación dineraria y de hacer para la que el título ejecutivo no le habilita y que, en el fondo, persigue, fuera de los adecuados cauces legales, imponer a la progenitora custodia una determinada forma de ejercicio de la patria potestad».

Caso práctico | ¿Es efectiva la comunicación del gasto extraordinario mediante burofax remitido al trabajo y no recibido por el progenitor?

PLANTEAMIENTO

En un proceso se reclama que el otro progenitor abone la mitad del gasto extraordinario relativo a un máster de su hija. El progenitor reclamante alega que dicho gasto le fue comunicado mediante burofax remitido a su lugar trabajo. Sin embargo, la parte contraria alega que no tuvo conocimiento de este gasto ya que no se encontraba en su trabajo en el momento en que se remitió el burofax, teniendo por tanto acceso al mismo un mes más tarde.

Visto lo anterior, ¿debe entenderse realizada la comunicación de manera efectiva por la remisión del burofax al lugar de trabajo del progenitor?

RESPUESTA

No puede entenderse que se ha cumplido con la comunicación previa para autorizar el gasto extraordinario cuando el burofax fue remitido al lugar de trabajo cuando el progenitor se encontraba disfrutando de sus vacaciones estivales. En este sentido se ha pronunciado la **sentencia de la Audiencia Provincial de Gijón n.º 95/2023, de 10 de febrero, ECLI:ES:APO:2023:723**, en un caso en el que la comunicación del gasto se realizó por la información dada por la propia hija mediante WhatsApp y por otro lado mediante el burofax remitido al lugar de trabajo del otro progenitor.

La audiencia en este caso concluye que: «*De una valoración conjunta de la prueba lo que* ***se desprende es que la actora no puso en conocimiento del demandado los gastos*** *que se iban a devengar como consecuencia del master que pretendía acometer su hija,* ***previamente a su acometimiento****, lo que bien pudo hacer ya a finales del año 2020 y, por ende, caso de oponerse, como es de ver que haría el progenitor, recabar la previa autorización judicial. Y, siendo esto así, tales gastos deben ser sufragados por la actora, al haber decidido asumirlos unilateralmente.* ***No pudiendo entenderse que fueron aceptados tácitamente por el demandado****, de un lado, por no tener el carácter de tal comunicación la información suministrada por la hija común y, de otro, porque los burofax remitidos por la actora el 13 de julio y el 19 de agosto de 2021, no fueron recepcionados por el destinatario al verificarse cuando aquel se encontraba disfrutando de sus vacaciones estivales fuera de su domicilio sito en DI-RECCION000 y, más aún, habiendo anunciado en dichos burofax que, de no contestar, recabaría la autorización judicial la cual, lejos de instalarla previamente a llevar a cabo tal decisión, la ha solicitado una vez ejecutada*».

Caso práctico | ¿Puede el TS revisar en casación si un gasto reconocido como ordinario en la pensión de alimentos debería considerarse extraordinario?

PLANTEAMIENTO

En un juicio sobre guarda y custodia y alimentos de un hijo se establece una pensión de alimentos en la que expresamente se declaran incluidas las clases extraescolares. ¿Puede plantearse ante el TS recurso de casación por considerar que ese gasto debe ser considerado como extraordinario?

RESPUESTA

No, el TS en su auto, rec. 720/2020, de 7 de octubre, ECLI:ES:TS:2020:8484A, ha reiterado que el recurso de casación no puede considerarse como una tercera instancia, y que no entra a valorar el criterio de proporcionalidad empleado por el tribunal de instancia, no revisando por tanto los gastos que se incluyen en la pensión de alimentos:

> «(...) la cuestión planteada, de revisión del juicio de proporcionalidad de los alimentos debidos a los hijos, entra de lleno en el espacio de los pronunciamientos discrecionales, facultativos o de equidad, que constituye materia reservada al Tribunal de instancia y realizar la resolución impugnada un juicio razonado de proporcionalidad.
>
> (...)
>
> La STS 429/2018, de 9 de julio, con cita de otras, recuerda que 'el recurso de casación no es un recurso ordinario que de paso a una tercera instancia en la que el recurrente pueda someter a este tribunal la decisión del conflicto con plenitud de cognición, sino un recurso extraordinario dirigido a controlar la correcta interpretación y aplicación por la sentencia de apelación de la norma, principio de derecho o jurisprudencia aplicable al caso' y, por ello, 'exige claridad y precisión en la identificación de la infracción normativa (art. 477.1 LEC), lo que se traduce no solo en la necesidad de que su estructura sea muy diferente a la de un mero escrito de alegaciones, sino también en la exigencia de una razonable claridad expositiva que permita la individualización del problema jurídico planteado (art. 481.1 y 3 LEC); la fundamentación suficiente sobre la infracción del ordenamiento jurídico alegada (art. 481.1 LEC).
>
> (...)
>
> No obstante, y en aras la mayor tutela judicial, debemos añadir que esta sala ha declarado en sentencia 165/2014, 28 de marzo de 2014 que: '[...] el juicio de proporcionalidad del artículo 146 CC 'corresponde a los tribunales que resuelven las instancias y no debe entrar en él el Tribunal Supremo a no ser que se haya vulnerado claramente el mismo o no se haya razonado lógicamente con arreglo a la regla del art. 146', de modo que la fijación de la entidad económica de la pensión y la integración de los gastos que se incluyen en la misma, 'entra de lleno en el espacio de los pronunciamientos discrecionales, facultativos o de equidad, que constituye materia reservada al Tribunal de instancia, y por consiguiente, no puede ser objeto del recurso de casación' (SSTS de 21 noviembre de 2005; 26 de octubre 2011; 11 de noviembre 2013, 27 de enero 2014, entre otras) [...]'».

Caso práctico | ¿La contribución a los gastos extraordinarios de universidad privada se reducen si el hijo recibe una beca?

PLANTEAMIENTO

El progenitor X le reclama al progenitor Z que abone el 50 % de los gastos de la universidad privada a la que acude su hijo. El progenitor Z alega que su hijo es perceptor de una beca y por tanto que la cantidad que debe abonar es inferior. Estos gastos de la universidad privada han sido declarados extraordinarios, teniendo en cuenta esto ¿es posible reducir la aportación del progenitor Z por el hecho de que el hijo reciba una beca?

RESPUESTA

Efectivamente el progenitor Z deberá aportar una cantidad inferior ya que para el cálculo deberá tenerse en cuenta la parte que se encuentra financiada por la beca, ya que se entiende que para que un progenitor pueda ejercer el derecho de repetición frente al otro progenitor, entre los requisitos se encuentra que el gasto no esté cubierto por otras vías, como sucede en el caso expuesto con la beca.

En un caso similar se ha pronunciado la Audiencia Provincial de Córdoba en el **auto n.º 293/2022, de 11 de julio, ECLI:ES:APCO:2022:179A**, en el cual señaló:

«Por lo que se refiere al tema de las becas, esta Sala ha señalado en su auto de 29 de enero de 2020 (rollo 1162/19) lo siguiente:
" a fin de poder ejercer un derecho de repetición frente al otro progenitor, en reclamación de la parte que corresponde a éste de ese gasto, es necesario que se den una serie de requisitos:
1º.- El primero y fundamental es que ese gasto se haga con conocimiento y consentimiento, expreso o tácito, del progenitor a quien se reclama ese pago parcial o, en su defecto, se haga con autorización judicial, salvo en casos de urgencia (SAP Madrid de 4 abril 2008 , SSAP Barcelona de 8 y 14 octubre 2010). No obstante, existe una línea jurisprudencial (por todas, SAP Valencia de 20 julio 2011), que considera que ese consentimiento mutuo o autorización judicial previa es bueno y conveniente, pero que, en caso de que no exista, no se puede castigar al cónyuge que ha hecho ese gasto en beneficio del alimentista, siempre y cuando se acredite que era un gasto realmente extraordinario y necesario.
2º.- Que ese gasto se pueda llevar a cabo en función de los ingresos económicos de uno y otro progenitor.
3º.- Que ese gasto no esté cubierto por otras vías, como pueden ser seguros privados o becas"».

ANEXO II.
FORMULARIOS

Demanda de ejecución de gastos extraordinarios en proceso matrimonial

> A TENER EN CUENTA. Por la reforma realizada por la LO 1/2025, de 2 de enero, una vez implantados de forma efectiva los tribunales de instancia (D.T. 1.ª), todas las referencias realizadas a los juzgados unipersonales se entenderán realizadas a las secciones del orden jurisdiccional correspondiente de los tribunales de instancia.

AL JUZGADO DE PRIMERA INSTANCIA / A LA SECCIÓN DE FAMILIA, INFANCIA Y CAPACIDAD DEL TRIBUNAL DE INSTANCIA DE [LOCALIDAD] (1)

Don/Doña [NOMBRE_PROCURADOR_CLIENTE], procurador/a de los tribunales, con número de colegiado/a [NUMERO_COLEGIADO_PROCURADOR_CLIENTE], en nombre y representación de **Don/Doña** [NOMBRE_CLIENTE], según consta acreditado en este procedimiento, con la asistencia letrada de Don/Doña [NOMBRE_ABOGADO_CLIENTE] con número de colegiado/a [NUMERO_COLEGIADO_ABOGADO_CLIENTE], ante el juzgado / la sección comparezco y, como mejor proceda en derecho, **DIGO:**

Que en la representación que ostento y por medio del presente escrito vengo a formular **DEMANDA DE EJECUCIÓN DE TÍTULO JUDICIAL** frente a Don/Doña [NOMBRE_PARTE_CONTRARIA], con [DNI] y domicilio en [LUGAR], en calidad de obligado al pago de gastos extraordinarios, más los intereses y costas de la presente ejecución, de conformidad con los siguientes

HECHOS

PRIMERO.- Este/a juzgado/sección dictó sentencia en fecha [FECHA] en el procedimiento contencioso/de mutuo acuerdo [NUMERO].

En dicha sentencia se homologaba judicialmente el convenio regulador/ acordaban medidas definitivas reguladoras de ruptura entre mi representado/a y el demandado/a.

En relación con los gastos extraordinarios se establecía lo siguiente: «Los gastos extraordinarios serán sufragados por mitad por ambos progenitores. En particular se consideran gastos extraordinarios, entre otros, los correspondientes a gastos médicos y farmacéuticos no cubiertos por el sistema de Seguridad Social. Salvo razones de urgencia, con carácter previo debe comunicarse el gasto al progenitor no custodio, justificando su importe».

SEGUNDO.- Los gastos extraordinarios relativos a actividades extraescolares no figuran expresamente en dicho convenio regulador.

Mi mandante, por razones laborales excepcionales y provisionales, se vio en la necesidad de inscribir a su hijo en actividades extraescolares determinados días de la semana. Cumpliendo lo dispuesto en la sentencia referida en el apartado anterior, comunicó al demandado esta necesidad, previa justificación del importe.

Adjuntamos como **documento n.°** [NUMERO] copia de los mensajes remitidos al progenitor no custodio informándole de la necesidad del gasto extraordinario y su importe.

Dicho gasto fue reconocido como gasto extraordinario mediante auto de fecha [FECHA] dictado por este/a juzgado/sección, por el que se resuelve el incidente presentado por esta parte en virtud del art. 776.4.ª de la LEC.

TERCERO.- A pesar de lo anterior, no satisface la mitad del importe de los gastos extraordinarios derivados de los gastos de dentista ni de las actividades extraescolares antes referenciadas.

Adjuntamos como **documento n.°** [NUMERO] extracto bancario de la cuenta corriente donde deben abonarse las mensualidades de pensión de alimentos y los gastos extraordinarios. Se aporta desde el mes [MES] donde consta que no ha realizado ingreso alguno.

FUNDAMENTOS DE DERECHO

I.- JURISDICCIÓN

Conforme lo dispuesto en el art. 21.1 de la LOPJ y art. 36 de la LEC, los tribunales españoles del orden civil son los competentes para conocer de la acción que se ejercita.

II.- COMPETENCIA

De conformidad con el artículo 545.1 de la LEC, es competente el juzgado al / la sección a la que dirijo por conocer el asunto en primera instancia.

III.- LEGITIMACIÓN

La legitimación activa corresponde a mi representada por ser parte en el procedimiento en que se ha dictado la resolución judicial cuya ejecución se interesa.

La legitimación pasiva corresponde al demandado por venir obligado al cumplimiento de la resolución cuya ejecución se insta, de conformidad con el artículo 538 de la LEC.

IV.- PROCEDIMIENTO

Debe aplicarse el procedimiento de ejecución de los artículos 538 y siguientes de la LEC.

V.- FONDO DEL ASUNTO

La doctrina fijada por el Tribunal Supremo en la **STS n.° 579/2014, de 15 de octubre, ECLI:ES:TS:2014:4438**, reiterada en la **STS n.° 500/2017, de 13 de septiembre, ECLI:ES:TS:2017:3277** establece: «(...) son gastos extraordinarios los que reúnen características bien diferentes a las propias de los gastos ordinarios. Son imprevisibles, no se sabe si se producirán ni cuándo lo harán, y, en consecuencia, no son periódicos»».

El artículo **776.4.ª de la LEC** establece que «Cuando deban ser objeto de ejecución forzosa gastos extraordinarios, no expresamente previstos en las medidas definitivas o provisionales, deberá solicitarse previamente al despacho de ejecución la declaración de que la cantidad reclamada tiene la consideración de gasto extraordinario (...)».

Atendiendo a lo alegado en esta demanda debemos señalar que es obligación de la parte demandada el abono del 50% de los gastos que se le reclaman ya que en primer lugar los gastos de dentista aparecen reconocidos como gasto extraordinario en el convenio regulador homologado judicialmente/las medidas fijadas judicialmente y en relación a los gastos de actividades extraescolares los mismos han sido reconocidos por medio del incidente tramitado conforme al art. 776.4.ª de la LEC.

En relación al reconocimiento del gasto extraordinario se ha pronunciado el **auto de la AP de A Coruña n.º 358/2022, de 28 de septiembre, ECLI:ES:APCO:2022:366A** que señala:

> «Como ya hemos dicho en otras ocasiones (Rollo 1370/2.018) en materia de calificación de gastos extraordinarios «dicha calificación, y en su caso, la posibilidad de repercusión debe de analizarse de un modo prioritario conforme a lo indicado en el correspondiente título ejecutivo (principio de literalidad del título) y solo en defecto del mismo, debe de atenderse a los criterios jurisprudenciales sobre la materia: necesariedad, en el sentido de que hayan de cubrirse económicamente de modo ineludible, en orden al cuidado, desarrollo y acción, en todos los órdenes del alimentista, estando en contraposición a los superfluos o secundarios de los que evidentemente, puede prescindir sin menoscabo del alimentista; que no tengan una periodicidad prefijada; imprevisibilidad, en cuanto dimanan de sucesos de difícil o imposible previsión; ser acorde y asumible por el caudal del alimentante; y no estar cubiertos por los alimentos o gastos ordinarios.»
>
> Así mismo, debemos recordar lo declarado en resolución dictada por este Tribunal en fecha 24.01.2.022 (Rollo de Apelación 1378/219, con cita de lo resuelto por auto de 10 de junio de 2.015, "<< Las previsiones contenidas en el art. 776.4 de Lec. (introducido por Ley 13/2009 de 3 de noviembre) deben de ponerse en relación con el principio de literalidad del título (arts. 517, 555.1 y 563 de Lec.); de forma que sólo en el supuesto de que el título de cuya ejecución se trate, no contenga previsión alguna que, conforme a dicho principio, liminarmente ampare la concreta pretensión ejecutiva deberá de deducirse la acción declarativa para la sustanciación del incidente que, sin formar parte del proceso de ejecución forzosa, determine con carácter previo al despacho de ejecución la condición de extraordinario del gasto en cuestión."».

VI.- COSTAS

Corresponderá su pago al ejecutado, de conformidad con el artículo 539 de la LEC.

Por lo expuesto,

SUPLICO:

Que tenga por presentado este escrito con sus copias y documentos, se sirva a admitirlo y tenga por presentada **DEMANDA DE EJECUCIÓN DE TÍTULO JUDICIAL** frente a don/doña [NOMBRE_PARTE_CONTRARIA], para que, previos los trámites legales pertinentes, dicte auto despachando ejecución de la cantidad de [NUMERO] euros en concepto de gasto extraordinario más intereses de [NUMERO] euros y [NUMERO] euros fijados provisionalmente en concepto de intereses y costas de esta ejecución (2).

Por ser justicia que pido en [LOCALIDAD], a [DIA] de [MES] de [AÑO]

    Firma procurador/a   Firma abogado/a

OTROSÍ DIGO: siendo intención de esta parte cumplir con todos los requisitos legales, a tenor de lo previsto en el artículo 231 de la Ley de Enjuiciamiento Civil, se solicita se le diere traslado de cualquier defecto que adoleciere este recurso, para la inmediata subsanación de la misma.

En su virtud,

SUPLICO:

Que tenga por efectuada la anterior manifestación a los efectos oportunos.

Por ser justicia, fecha y lugar *ut supra*.

Firma procurador/a   Firma abogado/a

---

(1) Por la reforma realizada por la LO 1/2025, de 2 de enero, una vez implantados de forma efectiva los tribunales de instancia (D.T. 1.ª), todas las referencias realizadas a los juzgados unipersonales se entenderán realizadas a las secciones del orden jurisdiccional correspondiente de los tribunales de instancia.

(2) El artículo 575.1 LEC dispone que «1. La ejecución se despachará por la cantidad que se reclame en la demanda ejecutiva en concepto de principal e intereses ordinarios y moratorios vencidos, incrementada por la que se prevea para hacer frente a los intereses que, en su caso, puedan devengarse durante la ejecución y a las costas de ésta. La cantidad prevista para estos dos conceptos, que se fijará provisionalmente, no podrá superar el 30 por 100 de la que se reclame en la demanda ejecutiva, sin perjuicio de la posterior liquidación (...)».

Solicitud de declaración de gastos extraordinarios en los procesos matrimoniales

A TENER EN CUENTA. Por la reforma realizada por la LO 1/2025, de 2 de enero, una vez implantados de forma efectiva los tribunales de instancia (D.T. 1.ª), todas las referencias realizadas a los juzgados unipersonales se entenderán realizadas a las secciones del orden jurisdiccional correspondiente de los tribunales de instancia. En este caso, el art. 86 de la LOPJ atribuye esta materia a la Sección de Familia, Infancia y Capacidad.

Procedimiento: [ESPECIFICAR]

N.º: [NÚMERO]

AL JUZGADO DE PRIMERA INSTANCIA [JUZGADO] N.º DE [LOCALIDAD]/SECCIÓN DE FAMILIA, INFANCIA Y CAPACIDAD DEL TRIBUNAL DE INSTANCIA DE [ESPECIFICAR] (3)

Don/Doña [NOMBRE_PROCURADOR_CLIENTE], procurador/a de los tribunales, en nombre y representación de **Don/Doña** [NOMBRE_CLIENTE], mayor de edad, con domicilio a efectos de notificaciones en [DOMICILIO_CLIENTE], según acredito mediante copia de escritura que solicito que, una vez testimoniada en autos, me sea devuelta por precisarla para otros usos, bajo la dirección técnica de Don/Doña [NOMBRE_ABOGADO_CLIENTE], abogado/a del Iltre. Colegio de [LOCALIDAD] y, comparezco ante el juzgado/la sección y como mejor proceda en derecho, **DIGO:**

Que, por medio del presente escrito, y conforme a lo establecido en el **artículo 776** de la Ley de Enjuiciamiento Civil, especialidad 4.ª, interesa a esta parte, con carácter previo a la presentación de demanda ejecutiva, **DECLARACIÓN COMO GASTO EXTRAORDINARIO** de aquellos gastos que se recogen en el cuerpo de este escrito. Petición que realizo en base a las siguientes

ALEGACIONES

PRIMERA.- En fecha [FECHA] se dictó por el juzgado/por la sección al/a la que me dirijo, sentencia n.º [NÚMERO], mediante la que se declaraba la disolución por divorcio del matrimonio entre mi mandante y don/doña [ESPECIFICAR], y se aprobaba el convenio regulador suscrito por ambos.

Se acompaña copia de la sentencia y del convenio regulador aprobado como doc. adj. n.º [NÚMERO].

SEGUNDA.- El citado convenio establecía que los gastos extraordinarios serán sufragados por ambas partes por mitad, debiendo sufragar cada uno de los progenitores el 50 % de los mismo, si bien únicamente realizaba una definición genérica de lo que se entendía por gastos extraordinarios, especificando que como tales aquellos de naturaleza no previsible, así como los gastos médicos y farmacéuticos de carácter extraordinario.

TERCERA.- Si bien durante años no existió problema alguno, de un tiempo a esta parte el/la demandado/a ha dejado de hacerse cargo de los mismos, sin ningún tipo de justificación y sin haber mostrado su disconformidad a ninguno de los gastos reclamados.

CUARTA.- Los gastos a los que ha tenido que hacer frente mi mandante, y que entendemos que deben ser declarados como extraordinarios son (1):

- Gastos de las clases de apoyo escolar y refuerzo a las que asiste el hijo común, y que ascienden a [CANTIDAD] euros, que se corresponden con las facturas de los meses de [ESPECIFICAR].

Estas clases han venido motivadas por el bajo rendimiento escolar del menor, habiendo mi mandante mantenido distintas reuniones con el/la tutor/a del mismo, y siendo esta la que las recomienda, como así se recoge en el informe emitido por la misma y que se adjunta como doc. adj. n.º [ESPECIFICAR].

Esta circunstancia se le notificó a la adversa en fecha [FECHA], no habiendo obtenido respuesta alguna por su parte.

Tal y como recoge la **sentencia de la Audiencia Provincial de Pontevedra n.º 532/2022, de 5 de diciembre, ECLI:ES:APPO:2022:2972,** estos gastos por clases de refuerzo escolar no pueden considerarse como gastos ordinarios ya que las mismas no pueden preverse en el momento de establecerse las medidas:

> «(...)Por lo tanto, los gastos de matrículas y material académico de principio de curso, en modo alguno tienen la consideración de gastos extraordinarios, por el contrario no pueden tener la consideración de gastos ordinarios los satisfechos por clases de apoyo, dado que en estos momentos ni siquiera consta que los hijos tengan necesidad o estén haciendo uso de tales, por lo tanto, no constando que vayan a tener periodicidad ni su cuantía, resulta más ajustado a derecho calificarlos como gastos extraordinarios a satisfacer por mitad por ambos padres cuando se produzcan, previo consenso».

Destacar el **auto de la Audiencia Provincial de Gipuzkoa n.º 146/2021, de 15 de octubre, ECLI:ES:APSS:2021:1098A,** que además de recoger estas clases de apoyo o refuerzo como gastos extraordinarios, también insiste que se entenderá prestado el consentimiento si tras un plazo razonable no se hubiera manifestado la disconformidad con el gasto:

> «Son gastos extraordinarios de carácter educativo las clases de apoyo escolar motivadas por un deficiente rendimiento académico.
> En relación con los gastos extraordinarios, y en atención a su peculiar naturaleza, se entenderá prestada la conformidad si, requerido a tal efecto un progenitor por el otro, de forma fehaciente, es decir, que conste sin lugar a dudas la recepción del requerimiento, se dejare transcurrir un plazo razonable sin hacer manifestación alguna. En el requerimiento que realice el progenitor que pretende hacer el desembolso, se deberá detallar cuál es el gasto concreto que precise el hijo, y se adjuntará presupuesto donde figure el nombre del profesional que lo expide».

- Gastos derivados de la compra de un ordenador, necesario para los estudios del menor. El coste del mismo asciende a [CANTIDAD] euros. Dicho gasto fue consultado con la adversa en fecha [FECHA], en la que se le enviaron distintas ofertas de ordenadores. Dado que no se obtuvo respuesta mi mandante tuvo que hacer frente al coste completo del ordenador.

Cabe citar aquí el **auto de la Audiencia Provincial de León n.º 68/2022, de 20 de mayo, ECLI:ES:APLE:2022:805A,** que establece que este gasto debe ser considerado como extraordinario:

> «Estos requisitos concurren en los gastos de ordenador impugnados por el apelante que la resolución recurrida declara procedentes; se trata de un gasto caracterizado por la excepcionalidad, unicidad y no reiteración periódica, que es necesario como herramienta para la formación educativa en una joven que cuenta con 17 años cuando se adquiere el dispositivo, y cuyo importe de 599 € no cabe entender desproporcionado.
>
> Y es que, como ha declarado esta Audiencia el gasto de adquisición de un ordenador "merece la consideración de gasto extraordinario porque es un instrumento necesario e indispensable para la formación de la hija, tratándose de una adquisición puntual y que, en principio, no es previsible requiera renovación en cierto tiempo" (AAP León, secc 1, del 10/02/2020, rec. 879/2020); es "un instrumento necesario para los menores y jóvenes, en cuanto que no solo contribuye a facilitar sus tareas escolares, y formativas, sino que además se convierte en una herramienta de trabajo necesaria, ya que algunas de las actividades se marcan por los profesores a través del correo electrónico, y para la realización de los trabajos se precisa de un ordenador o Tablet, necesariamente el importe de dicho aparato, que tanto por su coste, como por que no se trata de un gasto habitual y ordinario, encaja dentro del concepto de gasto extraordinario, ha de ser abonado al 50% por el recurrente" (AAP León, secc.2, del 06/06/2019, rec. 50/2019)».

QUINTA.- En cuanto a la procedencia de plantear este incidente previo a la ejecución, el **artículo 776** de la LEC establece:

> «Los pronunciamientos sobre medidas se ejecutarán con arreglo a lo dispuesto en el Libro III de esta ley, con las especialidades siguientes:
>
> 1.ª Al cónyuge o progenitor que incumpla de manera reiterada las obligaciones de pago de cantidad que le correspondan podrán imponérsele por el letrado o letrada de la Administración de Justicia multas coercitivas, con arreglo a lo dispuesto en el **artículo 711** y sin perjuicio de hacer efectivas sobre su patrimonio las cantidades debidas y no satisfechas.
>
> 2.ª En caso de incumplimiento de obligaciones no pecuniarias de carácter personalísimo, no procederá la sustitución automática por el equivalente pecuniario prevista en el apartado tercero del **artículo 709** y podrán, si así lo juzga conveniente el Tribunal, mantenerse las multas coercitivas mensuales todo el tiempo que sea necesario más allá del plazo de un año establecido en dicho precepto.
>
> 3.ª El incumplimiento reiterado de las obligaciones derivadas del régimen de visitas, tanto por parte del progenitor guardador como del no guardador, podrá dar lugar a la modificación por el Tribunal del régimen de guarda y visitas siempre y cuando sea acorde con la evaluación del interés superior del menor realizada previamente.
>
> 4.ª Cuando deban ser objeto de ejecución forzosa gastos extraordinarios, no expresamente previstos en las medidas definitivas o provisionales, deberá solicitarse previamente al despacho de ejecución la declaración de que la cantidad reclamada tiene la consideración de gasto extraordinario. Del escrito solicitando la declaración de gasto extraordinario se dará vista a la contraria y, en caso de oposición dentro de los cinco días siguientes, el Tribunal convocará a las partes a una vista que se sustanciará con arreglo a lo

dispuesto en los artículos 440 y siguientes y que resolverá mediante auto.» (2)

La Audiencia Provincial de Valencia en su **auto n.º 368/2017, de 27 de junio, ECLI:ES:APV:2017:1954A,** recoge que:

> «En los casos en que el auto o la sentencia exista un pronunciamiento genérico sobre el pago de gastos extraordinarios, pero sin concretar cuáles sean los que tienen esa consideración, entra en juego la previsión del artículo 776. 4 de la LEC, de suerte que no cabe despachar directamente ejecución por esos gastos reclamados, sino que previamente habrá de darse el trámite para determinar si tales gastos tienen o no la consideración de extraordinarios, como ha sucedido en el presente caso, de suerte que, una vez determinados qué gastos son extraordinarios mediante resolución firme, ya podrá despacharse ejecución por la suma fijada».

También el **auto de la Audiencia Provincial de Cádiz n.º 282/2022, de 20 de diciembre, ECLI:ES:APCA:2022:720A,** se refiere a este incidente en los siguientes términos:

> «(...) Se trata, en efecto, de un incidente meramente declarativo, sistemáticamente ubicado en el ámbito de las reglas especiales para la ejecución forzosa de medidas en los procesos de familia, que es configurado legalmente como una **cuestión incidental de previo pronunciamiento** con efecto suspensivo respecto del proceso principal de ejecución forzosa en reclamación de gastos extraordinarios. Ello hace de aplicación a este incidente declarativo las disposiciones generales contenidas en los artículos 387 a 393 de la Ley de Enjuiciamiento Civil, referidos a las cuestiones incidentales, en todos los aspectos que no estén regulados de forma empresa y concreta en la propia **regla 4ª** del **artículo 776** (...)».

Por ello,

SUPLICO AL JUZGADO/A LA SECCIÓN:

Que tenga por presentado este escrito, lo admita y le de traslado a la parte contraria, para que de considerarlo oportuno se oponga a tal declaración, y tras los trámites legales oportunos, se dicte auto por el que se declare la naturaleza de lo reclamado como gasto extraordinario

Por ser justicia que se pide en [LOCALIDAD]. a [DIA] de [MES] de [AÑO]

Firma procurador/a   Firma abogado/a

---

(1) Especificar todos aquellos gastos que se reclaman como extraordinarios, con su cuantía y en su caso fecha de notificación a la parte adversa.

(2) El RD-ley 6/2023, de 19 de diciembre, modifica el **artículo 776** de la LEC con entrada en vigor el 20/03/2024. El extracto mostrado en este formulario se corresponde con la versión vigente desde esa fecha. Hasta la misma la versión vigente sería:

«Los pronunciamientos sobre medidas se ejecutarán con arreglo a lo dispuesto en el Libro III de esta ley, con las especialidades siguientes:

1.ª Al cónyuge o progenitor que incumpla de manera reiterada las obligaciones de pago de cantidad que le correspondan podrán imponérsele por el Letrado de la Administración de Justicia multas coercitivas, con arreglo a lo dispuesto en el artículo 711 y sin perjuicio de hacer efectivas sobre su patrimonio las cantidades debidas y no satisfechas.

2.ª En caso de incumplimiento de obligaciones no pecuniarias de carácter personalísimo, no procederá la sustitución automática por el equivalente pecuniario prevista en el apartado tercero del artículo 709 y podrán, si así lo juzga conveniente el Tribunal, mantenerse las multas coercitivas mensuales todo el tiempo que sea necesario más allá del plazo de un año establecido en dicho precepto.

3.ª El incumplimiento reiterado de las obligaciones derivadas del régimen de visitas, tanto por parte del progenitor guardador como del no guardador, podrá dar lugar a la modificación por el Tribunal del régimen de guarda y visitas.

4.ª Cuando deban ser objeto de ejecución forzosa gastos extraordinarios, no expresamente previstos en las medidas definitivas o provisionales, deberá solicitarse previamente al despacho de ejecución la declaración de que la cantidad reclamada tiene la consideración de gasto extraordinario. Del escrito solicitando la declaración de gasto extraordinario se dará vista a la contraria y, en caso de oposición dentro de los cinco días siguientes, el Tribunal convocará a las partes a una vista que se sustanciará con arreglo a lo dispuesto en los artículos 440 y siguientes y que resolverá mediante auto».

(3) Por la reforma realizada por la LO 1/2025, de 2 de enero, una vez implantados de forma efectiva los tribunales de instancia (D.T. 1.ª), todas las referencias realizadas a los juzgados unipersonales se entenderán realizadas a las secciones del orden jurisdiccional correspondiente de los tribunales de instancia. En este caso, el art. 86 de la LOPJ atribuye esta materia a la Sección de Familia, Infancia y Capacidad.

Escrito de oposición a la declaración de gasto extraordinario

A TENER EN CUENTA. Por la reforma realizada por la LO 1/2025, de 2 de enero, una vez implantados de forma efectiva los tribunales de instancia (D.T. 1.ª), todas las referencias realizadas a los juzgados unipersonales se entenderán realizadas a las secciones del orden jurisdiccional correspondiente de los tribunales de instancia.

Procedimiento: [ESPECIFICAR]

Autos: [NUMERO/AÑO]

AL JUZGADO DE PRIMERA INSTANCIA N.º [NUMERO] DE [LUGAR]/SECCIÓN DE FAMILIA, INFANCIA Y CAPACIDAD DEL TRIBUNAL DE INSTANCIA DE [ESPECIFICAR] (1)

Don/Doña [NOMBRE_PROCURADOR_CLIENTE], procurador/a de los tribunales y de **don/doña** [NOMBRE_CLIENTE], según consta acreditado en autos, seguidos a instancia de don/doña [NOMBRE_PARTE_CONTRARIA], ante el Juzgado comparezco y como mejor proceda en derecho,

DIGO

Que en la representación que ostento y por medio del presente escrito, dentro del plazo de cinco días que me ha sido conferido, vengo a formular escrito de **OPOSICIÓN** a la **DECLARACIÓN DE GASTO EXTRAORDINARIO** interesada de conformidad con el artículo 776.4.ª de la LEC, con las siguientes,

ALEGACIONES

PRIMERA.- Conformes con el correlativo en relación con el contenido de la sentencia reguladora de las medidas paternofiliales.

SEGUNDA.- Los gastos reclamados de adverso no tienen la consideración de gasto extraordinario.

Se trata de gastos ordinarios, por su carácter previsible y periódico.

El artículo **142 del CC** dispone que se entiende por alimentos todo lo que es indispensable para el sustento, habitación, vestido y asistencia médica.

La **STS n.º 500/2017, de 13 de septiembre, ECLI:ES:TS:2017:3277**, reiterando la doctrina del Tribunal Supremo establecida por la **STS n.º 579/2014, de 15 de octubre, ECLI:ES:TS:2014:4438**, establece que:

«1. Los gastos causados al comienzo del curso escolar de cada año son gastos ordinarios en cuanto son gastos necesarios para la educación de los hijos, incluidos, por lo tanto, en el concepto legal de alimentos. Sin esos gastos los hijos no comenzarían cada año su educación e instrucción en los colegios. Y porque se producen cada año son, como los demás gastos propios de los alimentos, periódicos (lo periódico no es solo lo mensual) y, por lo tanto, previsibles en el sí y aproximadamente en el cuánto.

2. La consecuencia es obvia: son gastos que deben ser tenidos en cuenta cuando se fija la pensión alimenticia, esto es, la cantidad que cada mes el

cónyuge no custodio debe entregar al cónyuge custodio como contribución al pago de los alimentos de los hijos comunes.

3. Establecido lo anterior, son gastos extraordinarios los que reúnen características bien diferentes a las propias de los gastos ordinarios. Son imprevisibles, no se sabe si se producirán ni cuándo lo harán, y, en consecuencia, no son periódicos».

Por lo tanto, el importe que se reclama está incluido en el concepto de pensión de alimentos que esta parte abona mensualmente, como se acredita con los justificantes bancarios de pago que aportamos como **documento n.º** [NUMERO].

Además, hay que tener en cuenta que **dicho gasto en ningún caso ha sido consentido por mi mandante,** y que tal y como establece nuestra jurisprudencia más consolidada sería necesario que dichos gastos se hubiesen puesto en conocimiento de esta pare, para que hubiese podido intervenir en su decisión, y en su caso, poder proponer alternativas. En este sentido podemos citar el **auto de la Audiencia Provincial de Ávila n.º 59/2022, de 29 de junio, ECLI:ES:APAV:2022:215A:**

> «Y es que ciertamente la mayoría de la jurisprudencia de las audiencias provinciales viene considerando destacable a estos efectos la necesidad de que el progenitor interesado en la acometida de un gasto extraordinario, sea o no el progenitor custodio, ponga en conocimiento cuanto menos la acometida del gasto, sin perjuicio de que, además, solicite el previo consentimiento del otro progenitor. Siendo indudablemente necesaria la previa puesta en conocimiento del gasto, dando la oportunidad a ambas partes de decidir o no aceptarlo, o incluso proponer alternativas. Cosa distinta es que la otra parte no lo consienta, pues en ese caso habrá que ver a que obedece dicha falta de consentimiento.
>
> Lo anterior es necesario atendiendo, en primer lugar, por razones de índole material, al tratarse del ejercicio de la patria potestad sobre el menor que debe ser efectuado de manera conjunta por ambos progenitores. Y, en segundo lugar, de índole económica, porque el progenitor que decida unilateralmente emprender un determinado gasto, no puede posteriormente reclamar al otro progenitor si éste no tuvo oportunidad de opinar o proponer alternativas de gasto más adecuadas o menos gravosas para la economía familiar (SAP de Las Palmas, sección 3ª, de 16 de marzo de 2.006)».

Por lo expuesto,

SUPLICO AL JUZGADO/A LA SECCIÓN:

Que, teniendo por presentado este escrito, se sirva admitirlo y en su virtud tenga por formulada **OPOSICIÓN A LA DECLARACIÓN DE GASTO EXTRAORDINARIO** formulada de adverso, y tras la celebración de la vista preceptuada en el artículo 776.4.ª LEC, estime la misma dictando auto por el que se declare que el gasto a ejecutar no tiene la consideración de gasto extraordinario, con expresa imposición de costas a la ejecutante.

Por ser justicia que pido en [LOCALIDAD], a [DIA] de [MES] de [AÑO]

[FIRMA_ABOGADO] [FIRMA_PROCURADOR]

---

(1) Por la reforma realizada por la LO 1/2025, de 2 de enero, una vez implantados de forma efectiva los tribunales de instancia (D.T. 1.ª), todas las referencias realizadas a los juzgados unipersonales se entenderán realizadas a las secciones del orden jurisdiccional correspondiente de los tribunales de instancia. Ver competencias de la sección de familia, infancia y capacidad en el art. 86 de la LOPJ.

Demanda de separación contenciosa. Con hijos. Pensión compensatoria. Medidas provisionales

> **A TENER EN CUENTA.** Por la reforma realizada por la LO 1/2025, de 2 de enero, una vez implantados de forma efectiva los tribunales de instancia (D.T. 1.ª), todas las referencias realizadas a los juzgados unipersonales se entenderán realizadas a las secciones del orden jurisdiccional correspondiente de los tribunales de instancia. En este caso, el art. 86 de la LOPJ atribuye esta materia a la Sección de Familia, Infancia y Capacidad.

> **A TENER EN CUENTA.** Desde el 03/04/2025 por la reforma realizada por la LO 1/2025, de 2 de enero, se exige para la admisión de las demandas civiles el haber acudido a un medio adecuado de solución de controversias (MASC). Es el artículo 5 de la LO 1/2025, de 2 de enero, el que determina estos casos.

AL JUZGADO DE PRIMERA INSTANCIA/A LA SECCIÓN DE FAMILIA DEL TRIBUNAL DE INSTANCIA DE [LOCALIDAD] (1)

Don/Doña [NOMBRE_PROCURADOR_CLIENTE], procurador/a de los tribunales, número de colegiado/a [NUMERO], en nombre y representación de **Don/Doña** [NOMBRE CLIENTE] con DNI [NÚMERO] y domicilio en [DESCRIPCION], según acredito mediante poder (notarial/apud acta), cuya copia acompaño como **documento n.º** [NÚMERO], bajo la dirección letrada de **Don/Doña** [NOMBRE ABOGADO CLIENTE], número de colegiado/a [NUMERO] del ICA [LOCALIDAD] ante el juzgado/la sección comparezco y, como mejor proceda en derecho, **DIGO**

Mediante el presente escrito formulo **DEMANDA DE SEPARACIÓN MATRIMONIAL** contra **Don/Doña** [NOMBRE PARTE CONTRARIA], con domicilio en esta ciudad [DOMICILIO PARTE CONTRARIA], mayor de edad y provisto/a de DNI número [NÚMERO] y ello con base en los siguientes:

HECHOS

PRIMERO.- **Don/Doña** [NOMBRE CLIENTE], mi mandante, contrajo matrimonio [CIVIL/CANONICO] el [DIA] de [MES] de [AÑO] con don/doña [NOMBRE PARTE CONTRARIA], encontrándose inscrito en el Registro Civil de [LOCALIDAD], conforme se acredita mediante la aportación de la certificación de la inscripción del matrimonio, **documento n.º** [NUMERO].

SEGUNDO.- De dicho matrimonio nacieron [NUMERO] hijos, acreditándolo con la aportación de las certificaciones de las respectivas inscripciones de nacimiento, **documentos n.º** [NUMERO] y [NUMERO], que en la actualidad tienen la edad de [NUMERO] y [NUMERO] años, respectivamente.

TERCERO.- Durante los años [AÑO] a [AÑO] en que ambos cónyuges mantuvieron la convivencia, el domicilio familiar se encontraba en esta ciudad en [DOMICILIO], según se acredita con la aportación del **documento n.º** [NUMERO].

CUARTO.- El régimen económico del matrimonio es [REGIMEN ECONOMICO MATRIMONIAL].

QUINTO.- Habiendo transcurrido más de tres meses desde la celebración del matrimonio, en virtud del apartado 2.º del artículo 81 del Código Civil, es voluntad de mi mandante, poner término a la situación de convivencia, interesando que se decrete judicialmente la separación conyugal.

SEXTO.- Mi mandante ha cumplido siempre sus obligaciones familiares y conyugales, habiendo dedicado la totalidad de sus esfuerzos desde la celebración del matrimonio al cuidado de sus hijos, de la vivienda conyugal y de su familia, renunciando a desarrollar una actividad profesional que le permitiese obtener ingresos directos como consecuencia de su trabajo, situación que ahora redunda en una extraordinaria precariedad económica, que contrasta con la que disfruta Don/Doña [NOMBRE PARTE CONTRARIA], quien mantiene una situación económica superior de la que venía gozando en el matrimonio.

SÉPTIMO.- No siendo posible alcanzar un acuerdo entre los cónyuges, las medidas que se solicitan son las siguientes:

- Se declare la separación de los cónyuges, disolviéndose el régimen matrimonial.

- Se atribuya la guarda y custodia de los hijos a favor de mi mandante. En lo relativo a la situación en que deben quedar los hijos del matrimonio, entiende esta parte que ha de acordarse la permanencia de los menores con Don/Doña [NOMBRE CLIENTE], por ser el régimen más beneficioso para el interés de los menores.

- Se establezca un régimen de visitas consistente en que los hijos menores permanezcan en compañía de Don/Doña [NOMBRE PARTE CONTRARIA], desde las dieciocho horas (18:00) de los viernes hasta las veinte horas (20:00) de los domingos, en fines de semana alternos, debiendo recogerlos en el domicilio de Don/Doña [NOMBRE CLIENTE] y reintegrarlos en el mismo en los indicados días y horas.

  Si por alguna circunstancia Don/Doña [NOMBRE_PARTE_CONTRARIA], no pudiera recoger a los hijos en las horas indicadas deberá ponerlo en conocimiento de Don/Doña [NOMBRE_CLIENTE] con al menos veinticuatro horas de antelación, en caso contrario se entenderá que desde las 20:00 horas del viernes Don/Doña [NOMBRE_CLIENTE] y/o los menores podrán realizar aquellas actividades que estimen oportunas.

  Respecto del cómputo de los fines de semana alternos, la progenitora pasará con los hijos el primero que corresponda según la fecha de la ulterior sentencia, y el progenitor el siguiente, y así sucesivamente.

  Asimismo, permanezcan en su compañía periodos vacacionales de los menores en Navidad, Semana Santa, y verano por mitad, para cuyo cómputo se tendrán en cuenta los periodos que así lo sean en el lugar del domicilio de los menores, y conforme al acuerdo de los progenitores, decidiendo en su defecto la progenitora en los años impares y el progenitor en los pares.

- Se atribuya el uso y disfrute del domicilio a mi mandante, en tanto que se trata de un domicilio de alquiler, cuyo contrato fue suscrito en su día por mi mandante, y en el que residen los hijos comunes, cuya custodia solicitamos. Lo anterior también es de aplicación para el uso de los objetos existentes en el domicilio. No obstante, se concederá a la adversa plazo suficiente de [ESPECIFICAR] al efecto de retirar sus enseres personales, así como [ESPECIFICAR].

- Se solicita el establecimiento de una pensión de alimentos que ha de satisfacer Don/Doña [NOMBRE PARTE CONTRARIA] para contribuir a los gastos de mantenimiento y educación de los hijos comunes del matrimonio de [CANTIDAD] euros al mes. Esta deberá hacerse efectiva dentro de los cinco primeros días de cada mes, mediante ingreso en la cuenta núm. [NUMERO], revisable anualmente conforme a las variaciones que experimente el Índice de Precios al Consumo publicado periódicamente por el Instituto Nacional de Estadística u organismo que en el futuro le sustituya.

  Para los gastos extraordinarios [ESPECIFICARLOS] se abonarán de por mitad siempre que exista consenso entre ambas partes antes de proceder a su realización.

- Se solicita también el establecimiento de una pensión compensatoria de [CANTIDAD] euros mensuales durante un plazo de [ESPECIFICAR] años, a favor de mi mandante al hallarse ante un evidente desequilibrio en relación con la posición del demandado/a, que implica un empeoramiento en su situación económica con respecto a la que disfrutaba en el matrimonio. Dicha pensión será actualizable por períodos anuales de conformidad con las fluctuaciones del índice de precios al consumo.

A los anteriores hechos resultan de aplicación los siguientes

FUNDAMENTOS DE DERECHO

PRIMERO.- JURISDICCIÓN Y COMPETENCIA

De tramitación ante la jurisdicción civil, según lo establecido en los artículos 9 y 21 de la Ley Orgánica del Poder Judicial (LOPJ).

Siendo competente el juzgado/la sección al/a la que me dirijo, de conformidad con lo dispuesto en el artículo 769 de la Ley de Enjuiciamiento Civil (LEC).

SEGUNDO.- PROCEDIMIENTO

El procedimiento se sustanciará conforme a lo preceptuado en el artículo 770 de la LEC.

TERCERO.- CAPACIDAD Y LEGITIMACIÓN

Las partes ostentan capacidad procesal suficiente de conformidad con lo dispuesto en el artículo 6 de la LEC.

Estando ambos legitimados en tanto en cuanto contrayentes del matrimonio.

CUARTO.- POSTULACIÓN

Esta parte comparece representada por procurador/a y asistida por letrado/a, conforme a lo establecido en el art. 750 de la LEC.

QUNTO.- INTERVENCIÓN DEL MINISTERIO FISCAL

Dada la presencia de hijos menores del matrimonio, es preceptiva la intervención del Ministerio Fiscal, según lo establecido en el artículo 749.2 de la LEC.

SEXTO.- MEDIOS ADECUADOS DE SOLUCIÓN DE CONTROVERSIAS (MASC)

Según lo establecido en el art. 5 de la LO 1/2025, de 2 de enero, las partes han acudido a [DESCRIPCIÓN PROCESO MASC] en los términos siguientes [ESPECIFICAR] **(2)**.

A estos efectos adjuntamos los siguientes documentos: **(3)**

- **Documento n.º** [NÚMERO].
- **Documento n.º** [NÚMERO].

SÉPTIMO.- FONDO DEL ASUNTO

De la Separación

El fondo de la pretensión consiste en la declaración de separación a instancia de uno de los cónyuges, de conformidad con el artículo 81.2.º del CC sin que puedan oponerse por el otro cónyuge, no expresamente conforme, ninguna causa de oposición material, al fundarse en la voluntad de no permanecer casado, como corolario legal del derecho del artículo 32 de la CE a contraer matrimonio.

Asimismo, el artículo 95 del mismo texto legal establece que la sentencia firme produce la disolución del régimen matrimonial

De la guarda y custodia a favor de mi mandante

En lo relativo a la situación en que deben quedar los hijos del matrimonio, entiende esta parte que ha de acordarse la permanencia de los menores con Don/Doña [NOMBRE CLIENTE], en aplicación de lo dispuesto en el artículo 92 del Código Civil, párrafos 1.º y 2.º.

No desconoce esta parte la actual corriente jurisprudencial que indica como más deseable la guarda y custodia compartida, sin embargo, en el caso que nos ocupa, no es el más idóneo ni el más beneficioso para los menores en tanto en cuanto [ESPECIFICAR_MOTIVOS_GUARDA _CUSTODIA_MONOPARENTAL].

A tal efecto debe tenerse presente que, según reiterada jurisprudencia, cualquier decisión se adoptará teniendo como principal objetivo el primordial interés de los menores, en la materia relativa a la guarda y custodia de los hijos, sin perjuicio de la patria potestad compartida de los comparecientes, por lo que todas las decisiones que afecten a los hijos habrán de tomarse de mutuo acuerdo por ambos cónyuges y teniendo siempre presente el interés de los hijos.

De las visitas

En lo referente al régimen de visitas de Don/Doña [NOMBRE_PARTE_CONTRARIA], a fin de dar cumplimiento al artículo 94 del Código Civil esta parte considera que, dadas las circunstancias de los menores, procede establecer que los mismos permanezcan en compañía de Don/Doña [NOMBRE PARTE CONTRARIA], desde las dieciocho horas (18:00) de los viernes hasta las veinte horas (20:00) de los domingos, en fines de semana alternos, debiendo recogerlos en el domicilio de don/doña [NOMBRE CLIENTE] y reintegrarlos en el mismo en los indicados días y horas.

Si por alguna circunstancia Don/Doña [NOMBRE_PARTE_CONTRARIA], no pudiera recoger a los hijos en las horas indicadas deberá ponerlo en conocimiento de Don/Doña [NOMBRE_CLIENTE] con al menos veinticuatro horas de antelación, en caso contrario se entenderá que desde las 20:00 horas del viernes Don/Doña [NOMBRE_CLIENTE] y/o los menores podrán realizar aquellas actividades que estimen oportunas.

Respecto del cómputo de los fines de semana alternos, la progenitora pasará con los hijos el primero que corresponda según la fecha de la ulterior sentencia, y el progenitor el siguiente, y así sucesivamente.

Asimismo, permanezcan en su compañía periodos vacacionales de los menores en Navidad, Semana Santa, y verano por mitad, para cuyo cómputo se tendrán en cuenta los periodos que así lo sean en el lugar del domicilio de los menores, y conforme al acuerdo de los progenitores, decidiendo en su defecto la progenitora en los años impares y el progenitor en los pares.

Del uso y disfrute del domicilio

Nada se debe discutir a tal efecto toda vez que tanto el propio artículo 96 del CC como la jurisprudencia más reciente, indica que el mismo corresponde a los menores y al progenitor custodio.

Así, el domicilio familiar está ocupado en régimen de alquiler por mi mandante, a cuyo nombre se encuentra el contrato de alquiler, y a quien procede determinar la continuación de su uso, en tanto se le atribuye el cuidado de los hijos, ya que los cónyuges no poseían en común ninguna propiedad inmobiliaria.

Lo anterior también es de aplicación para el uso de los objetos existentes en el domicilio.

No obstante, se concederá a la adversa plazo suficiente de [ESPECIFICAR] al efecto de retirar sus enseres personales, así como [ESPECIFICAR].

Pensión de alimentos

Conforme previene el **artículo 93 del Código Civil**, en lo relativo a los efectos de determinar la pensión que ha de satisfacer Don/Doña [NOMBRE PARTE CONTRARIA] para contribuir a los gastos de mantenimiento y educación de los hijos comunes del matrimonio debemos tener presente que Don/Doña [NOMBRE CLIENTE] considera adecuada la cantidad de [CANTIDAD] mensuales, en concepto de alimentos para los hijos y contribución a las cargas familiares, que deberán hacerse efectivas dentro de los cinco primeros días de cada mes, mediante ingreso en la cuenta núm. [NUMERO] de la entidad bancaria [NOMBRE] de [LOCALIDAD], oficina [NUMERO] sita en la C/ [CALLE] n.º [NUMERO], revisable anualmente conforme a las variaciones que experimente el Índice de Precios al Consumo publicado periódicamente por el Instituto Nacional de Estadística u organismo que en el futuro le sustituya.

Y ello en atención tanto a los gastos necesarios de los menores (alimentos, vestido, colegio, etc.) como en los ingresos de la adversa.

Unido a lo anterior, se debe indicar que para aquellos gastos extraordinarios [ESPECIFICARLOS] se abonarán de por mitad siempre que exista consenso entre ambas partes antes de proceder a su realización.

Pensión compensatoria

Asimismo, al amparo de lo establecido en el artículo 97 del Código Civil, esta parte considera que resulta procedente el establecimiento de una pensión compensatoria a favor de mi mandante al hallarse ante un evidente desequilibrio en relación con la posición del demandado/a, que implica un empeoramiento en su situación económica con respecto a la que disfrutaba en el matrimonio.

A los efectos de fijar el importe de la mencionada pensión, esta parte considera necesario tener en cuenta los diversos factores que concurren en esta situación, como son la edad de mi mandante [NUMERO] años, así como la falta de formación y estudios y el hecho de haber dedicado la totalidad de su tiempo al cuidado de su familia y no haber accedido por esas circunstancias a ningún puesto de trabajo. El matrimonio se benefició siempre de los ingresos laborales obtenidos por don/doña [NOMBRE PARTE CONTRARIA], desarrollados en la empresa [NOMBRE EMPRESA].

Acompañamos nómina correspondiente al mes de [MES], la última que nos ha sido posible disponer, como **documento número** [NUMERO].

En atención a todo lo anterior, esta parte considera procedente el establecimiento de una pensión compensatoria a favor de mi mandante por importe de [CANTIDAD] euros mensuales, mediante ingreso en la cuenta núm. [NUMERO] de la entidad bancaria [NOMBRE] de [LOCALIDAD], oficina [NUMERO] sita en la C/ [CALLE] número [NUMERO], actualizable por períodos anuales de conformidad con las fluctuaciones del índice de precios al consumo.

Somos conscientes, sin embargo, precisamente por la edad de mi mandante, por la duración del matrimonio, no superior a [NUMERO] años, y por las posibilidades, más o menos intensas, que la misma tiene de incorporarse al mercado de trabajo, que la referida pensión compensatoria deberá ser establecida con carácter temporal, proponiendo, en este sentido, que se prolongue a lo largo de [NUMERO] años.

OCTAVO.- COSTAS

De conformidad con lo dispuesto en el artículo 394 de la LEC **(4)**, deberán ser impuestas a la parte demandada.

NOVENO.- *IURA NOVIT CURIA*

En todo lo no invocado resulta de aplicación el principio *iura novit curia*, plasmado en el párrafo segundo del punto primero del artículo 218 de la Ley de Enjuiciamiento Civil, en virtud del cual serán aplicables las demás normas que sean de pertinente, especial o general aplicación, y que el juzgador podrá tener en cuenta de oficio sin necesidad de que hayan sido previamente alegadas o invocadas por alguna de las partes intervinientes.

Por todo lo expuesto,

SUPLICO AL JUZGADO/A LA SECCIÓN:

Que tenga por presentado este escrito junto con sus copias y documentos adjuntos, los admita, les dé la tramitación legal pertinente y, tras los trámites de rigor, dicte sentencia en la que declare la **SEPARACIÓN** del matrimonio de don/doña [NOMBRE CLIENTE] y Don/Doña [NOMBRE PARTE CONTRARIA], procediendo a decretar:

- La disolución del régimen económico matrimonial de [REGIMEN ECONOMICO MATRIMONIAL], cesando cualesquiera poderes que los cónyuges pudieran haber otorgado el uno a favor del otro.

- Los hijos comunes del matrimonio queden bajo la custodia de Don/Doña [NOMBRE CLIENTE], estableciéndose el régimen de visitas de Don/Doña [NOMBRE PARTE CONTRARIA] conforme se ha señalado en el Fundamento de derecho séptimo.

- El uso de la vivienda familiar corresponde a Don/Doña [NOMBRE CLIENTE],

- El establecimiento de una pensión de alimentos a favor de los menores a cargo del demandado Don/Doña [NOMBRE PARTE CONTRARIA] de [CANTIDAD EN LETRA] euros ([CANTIDAD EN NÚMERO] €) mensuales. Así mismo la obligación de contribuir los progenitores en el 50 % a los gastos extraordinarios.

- El establecimiento de una pensión compensatoria a favor de la actora a cargo del/de la demandado/a de [CANTIDAD EN LETRA] euros ([CANTIDAD EN NÚMERO] €) mensuales, durante los próximos [NUMERO] años.

- Ambas cantidades deberán abonarse por adelantado dentro de los cinco primeros días de cada mes en la cuenta n.º [NÚMERO] siendo revisables según las variaciones del Índice de Precio al Consumo, que anualmente se publiquen por el Instituto Nacional de Estadística u organismo, público o privado, que en el futuro le sustituya.

Por ser justicia que se pide en [LOCALIDAD], a [FECHA]

[FIRMA_ABOGADO]   FIRMA_PROCURADOR]

PRIMER OTROSÍ DIGO: procede dar traslado de esta demanda al Ministerio Fiscal en los términos que previene el artículo 749.2 de la Ley de Enjuiciamiento Civil, debido a la existencia de hijos menores. Igualmente, y de acuerdo con lo establecido en el artículo 92.2 del Código Civil, el órgano jurisdiccional deberá velar porque las medidas que conciernen al cuidado y educación de los hijos menores, se acuerden observando el derecho de éstos a ser oídos.

Por lo anterior,

SUPLICO AL JUZGADO/A LA SECCIÓN:

Que tenga por efectuada la anterior manifestación a los efectos oportunos

Por ser justicia lugar y fecha *ut supra*.

[FIRMA_ABOGADO]   [FIRMA_PROCURADOR]

SEGUNDO OTROSÍ DIGO: solicito la adopción de las siguientes medidas provisionales, de acuerdo con lo establecido en el artículo 103 del Código Civil y en el artículo 773 de la Ley de Enjuiciamiento Civil:

En cuanto a la custodia de los hijos menores [NOMBRE] y [NOMBRE], y remitiendo a lo expuesto en el hecho [NUMERO] de la demanda, solicito que se acuerde que queden bajo la custodia de mi mandante, atendiendo a todas las circunstancias expresadas en el cuerpo de esta demanda.

En cuanto a la vivienda familiar y al ajuar contenido en la misma, procede que se atribuya a mi mandante su uso, sin perjuicio de realizar el inventario correspondiente si se estima indispensable, teniendo en cuenta todo lo expuesto en la demanda, y el hecho de que, si como se ha solicitado, se le atribuye la custodia de los hijos menores a mi mandante.

Igualmente, y conforme también en la demanda se ha explicado, se interesa que se establezca provisionalmente una pensión de alimentos a favor de los hijos habidos en el matrimonio de [CANTIDAD] euros por cada uno de ellos. Esta cantidad se justifica por [DESCRIPCION].

En consecuencia,

SUPLICO AL JUZGADO/A LA SECCIÓN:

Que tenga por efectuada la anterior manifestación a los efectos oportunos.

Por ser justicia lugar y fecha *ut supra*.

[FIRMA_ABOGADO]   [FIRMA_PROCURADOR]

---

(1) Por la reforma realizada por la LO 1/2025, de 2 de enero, una vez implantados de forma efectiva los tribunales de instancia (D.T. 1.ª), todas las referencias realizadas a los juzgados unipersonales se entenderán realizadas a las secciones del orden jurisdiccional correspondiente de los tribunales de instancia. En este caso, el art. 86 de la LOPJ atribuye esta materia a la Sección de Familia, Infancia y Capacidad.

(2) De acuerdo con el segundo párrafo del art. 399.3 de la LEC se hará constar en la demanda la descripción del proceso de negociación previo llevado a cabo o la imposibilidad del mismo, conforme a lo establecido en el ordinal 4.º del artículo 264, y se manifestarán, en su caso, los documentos que justifiquen que se ha acudido a un medio adecuado de solución de controversias, salvo en los supuestos exceptuados en la Ley de este requisito de procedibilidad.

(3) Documentos que acrediten haberse intentado la actividad negociadora previa a la vía judicial cuando la ley exija dicho intento como requisito de procedibilidad, o declaración responsable de la parte de la imposibilidad de llevar a cabo la actividad negociadora previa a la vía judicial por desconocer el domicilio de la parte demandada o el medio por el que puede ser requerido.

(4) El artículo 394 de la LEC ha sido modificado por la LO 1/2025, de 2 de enero, en vigor a partir del 03/04/2025.

Recurso de apelación contra sentencia de divorcio contencioso. Guarda y custodia

Procedimiento: Divorcio Contencioso

Núm.: [NÚMERO]

A LA AUDIENCIA PROVINCIAL DE [PROVINCIA] (1)

Don/Doña [NOMBRE_PROCURADOR_CLIENTE] procurador/a de los tribunales, colegiado/a n.º [NUMERO] en representación, de **don/doña** [NOMBRE_CLIENTE] asistido/a por el letrado/a **don/doña** [NOMBRE_ABOGADO_CLIENTE] colegiado/a n.º [NUMERO], tal y como constan en las actuaciones, ante la audiencia comparezco y como mejor proceda en Derecho, **DIGO:**

Que, por medio del presente escrito, interponemos **RECURSO DE APELACIÓN**, contra la sentencia de fecha [FECHA] y notificada a esta parte en fecha [FECHA], por el que se procede a la disolución del matrimonio entre mi mandante y **don/doña** [NOMBRE_PARTE_CONTRARIA] y se establecen medidas relativas a la guarda y custodia de los menores, siendo impugnado expresamente en lo relativo al establecimiento de la guarda y custodia de los menores.

Y ello con base en las siguientes,

ALEGACIONES

PRIMERA.- En fecha [FECHA] se nos ha notificado sentencia dictada por el Juzgado de Primera Instancia núm. [NUMERO] de [LOCALIDAD], dictada en el procedimiento [NUMERO], por la que se procede a decretar el divorcio de las partes, así como, con relación a los hijos menores se establecen las siguientes medidas [DESCRIPCIÓN].

SEGUNDA.- En las medidas descritas, se observa que la guarda y custodia de los menores se otorga a la adversa y ello razonándolo el juzgador en tanto en cuanto [DESCRIPCIÓN].

TERCERA.- Entiende esta parte, dicho sea, con todo respeto y en estrictos términos de defensa, que la misma es contraria a derecho y perjudicial tanto para los intereses de mi mandante como para los intereses de los menores, intereses que, en la clase de procedimiento en que nos encontramos, son los que deben prevalecer.

CUARTA.- A este respecto, entendemos que no se ha producido una correcta interpretación, ya no sólo normativa sino también jurisprudencial. Así y a tenor de lo preceptuado en el **art. 459 LEC** «En el recurso de apelación podrá alegarse infracción de normas o garantías procesales en la primera instancia. Cuando así sea, el escrito de interposición deberá citar las normas que se consideren infringidas y alegar, en su caso, la indefensión sufrida. Asimismo, el apelante deberá acreditar que denunció oportunamente la infracción, si hubiere tenido oportunidad procesal para ello».

QUINTA.- Concretando en lo anterior, entendemos que no se ha aplicado correctamente lo normado en el **artículo 92** del Código Civil (CC) en cuanto dispone que:

«5. Se acordará el ejercicio compartido de la guarda y custodia de los hijos cuando así lo soliciten los padres en la propuesta de convenio regulador o cuando ambos lleguen a este acuerdo en el transcurso del procedimiento.

6. En todo caso, antes de acordar el régimen de guarda y custodia, el Juez deberá recabar informe del Ministerio Fiscal, oír a los menores que tengan suficiente juicio cuando se estime necesario de oficio o a petición del Fiscal, las partes o miembros del Equipo Técnico Judicial, o del propio menor, y valorar las alegaciones de las partes, la prueba practicada, y la relación que los padres mantengan entre sí y con sus hijos para determinar su idoneidad con el régimen de guarda.

7. No procederá la guarda conjunta cuando cualquiera de los progenitores esté incurso en un proceso penal iniciado por intentar atentar contra la vida, la integridad física, la libertad, la integridad moral o la libertad e indemnidad sexual del otro cónyuge o de los hijos que convivan con ambos. Tampoco procederá cuando el juez advierta, de las alegaciones de las partes y las pruebas practicadas, la existencia de indicios fundados de violencia doméstica o de género. Se apreciará también a estos efectos la existencia de malos tratos a animales, o la amenaza de causarlos, como medio para controlar o victimizar a cualquiera de estas personas.

8. Excepcionalmente, aun cuando no se den los supuestos del apartado cinco de este artículo, el Juez, a instancia de una de las partes, con informe del Ministerio Fiscal, podrá acordar la guarda y custodia compartida fundamentándola en que solo de esta forma se protege adecuadamente el interés superior del menor.

9. El Juez, antes de adoptar alguna de las decisiones a que se refieren los apartados anteriores, de oficio o a instancia de parte, del Fiscal o miembros del Equipo Técnico Judicial, o del propio menor, podrá recabar dictamen de especialistas debidamente cualificados, relativo a la idoneidad del modo de ejercicio de la patria potestad y del régimen de custodia de las personas menores de edad para asegurar su interés superior.

10. El Juez adoptará, al acordar fundadamente el régimen de guarda y custodia, así como el de estancia, relación y comunicación, las cautelas necesarias, procedentes y adecuadas para el eficaz cumplimiento de los regímenes establecidos, procurando no separar a los hermanos».

No encontrándonos en los supuestos de improcedencia de la guarda y custodia compartida del apartado 7 del meritado precepto, es claro que debió establecerse el régimen de custodia compartida.

En nuestro caso y con relación a lo normado [DESCRIPCIÓN].

SEXTA.- Lo anterior vulnera el principio de **tutela judicial efectiva** del **artículo 24 de la Constitución Española**, produciendo **indefensión** a mi mandante

Vulnera el **artículo 9** y el **artículo 14** de la propia CE en tanto en cuanto produce una discriminación entre los progenitores, no existiendo causa que promueva la atribución a uno sólo de ellos la guarda y custodia de los menores

SÉPTIMA.- La resolución que se recurre, no aplica correctamente la doctrina jurisprudencial de nuestro Alto Tribunal, así:

La **STS n.º 758/2013, de 25 de noviembre, ECLI:ES:TS:2013:5710**: «Es cierto que la STC 185/2012, de 17 de octubre , ha declarado inconstitucional y nulo el inciso 'favorable' del informe del Ministerio Fiscal contenido en el artículo 92.8 del Código Civil , según redacción dada por la Ley 15/2005, de 8 de julio, de tal forma que corresponde exclusivamente al Juez o Tribunal verificar si concurren los requisitos legales para aplicar este régimen. **Es por tanto al Juez** al que, en el marco de la controversia existente entre los progenitores, **corresponde valorar si debe o no adoptarse tal medida considerando cuál sea la situación más beneficiosa para el niño;** y si bien se confiere a los progenitores la facultad de autorregular tal medida y el Ministerio Fiscal tiene el deber de velar por la protección de los menores en este tipo de procesos, sólo a aquel le corresponde la facultad de resolver el conflicto que se le plantea, pues exclusivamente él tiene encomendada constitucionalmente la función jurisdiccional, obligando a los progenitores a ejercerla conjuntamente sólo cuando quede demostrado que es beneficiosa para el menor».

La **STS n.º 200/2014, de 25 de abril, ECLI:ES:TS:2014:1699:** «En primer lugar, la interpretación del artículo 92, 5 , 6 y 7 CC debe estar fundada en el interés de los menores que van a quedar afectados por la medida que se deba tomar, que se acordará cuando concurran alguno de los criterios reiterados por esta Sala y recogidos como doctrina jurisprudencial en la sentencia de 29 de abril de 2013 de la siguiente forma ‹debe estar fundada en el interés de los menores que van a quedar afectados por la medida que se deba tomar, que se acordará cuando concurran criterios tales como la práctica anterior de los progenitores en sus relaciones con el menor y sus aptitudes personales; los deseos manifestados por los menores competentes; el número de hijos; el cumplimiento por parte de los progenitores de sus deberes en relación con los hijos y el respeto mutuo en sus relaciones personales; el resultado de los informes exigidos legalmente, y, en definitiva, cualquier otro que permita a los menores una vida adecuada, aunque en la práctica pueda ser más compleja que la que se lleva a cabo cuando los progenitores conviven. Señalando que la redacción del artículo 92 no permite concluir que se trate de una medida excepcional, sino que al contrario, habrá de considerarse normal e incluso deseable, porque permite que sea efectivo el derecho que los hijos tienen a relacionarse con ambos progenitores, aun en situaciones de crisis, siempre que ello sea posible y en tanto en cuanto lo sea›. Como precisa la sentencia de 19 de julio de 2013 :› se prima el interés del menor y este interés, que ni el artículo 92 del Código Civil ni el artículo 9 de la Ley Orgánica 1/1996, de 15 de enero, de Protección Jurídica del Menor , definen ni determinan, exige sin duda un compromiso mayor y una colaboración de sus progenitores tendente a que este tipo de situaciones se resuelvan en un marco de normalidad familiar que saque de la rutina una relación simplemente protocolaria del padre no custodio con sus hijos que, sin la expresa colaboración del otro, termine por desincentivarla tanto desde la relación del no custodio con sus hijos, como de estos con aquel».

Por último, y entre la numerosísima jurisprudencia dictada por nuestro Alto Tribunal, conviene indicar la **STS n.º 55/2016, de 11 de febrero, ECLI:ES:TS:2016:359** indicando la misma que «La interpretación del artículo 92, 5 , 6 y 7 CC debe estar fundada en el interés de los menores que van a quedar afectados por la medida que se deba tomar de guarda y custodia compartida, que se acordará cuando concurran alguno de los criterios reiterados por esta Sala y recogidos como doctrina jurisprudencial en la sentencia de 29 de abril de 2013 de la siguiente forma ‹debe estar fundada en el interés de los menores que van a quedar afectados por la medida que se deba tomar, que se acordará cuando concurran criterios tales como la práctica anterior de los progenitores en sus relaciones con el menor y sus aptitudes personales; los deseos manifestados por los menores competentes; el número de hijos; el cumplimiento por parte de los progenitores de sus deberes en relación con los hijos y el respeto mutuo en sus relaciones personales; el resultado de los informes exigidos legalmente, y, en definitiva, cualquier otro que permita a los menores una vida adecuada, aunque en la práctica pueda ser más compleja que la que se lleva a cabo cuando los progenitores conviven. Señalando que la redacción del artículo 92 no permite concluir que se trate de una medida excepcional, sino que al contrario, habrá de considerarse normal e incluso deseable, porque permite que sea efectivo el derecho que los hijos tienen a relacionarse con ambos progenitores, aun en situaciones de crisis, siempre que ello sea posible y en tanto en cuanto lo sea»» (STS 25 de abril 2014)».

En nuestro caso y con relación a la jurisprudencia meritada [DESCRIPCIÓN].

Es por lo expuesto por lo que entendemos que la sentencia dictada en instancia debe ser revocada únicamente en el sentido de decretar la guarda y custodia compartida de los menores, y, en relación a ello, no existiendo desproporción entre los ingresos de los cónyuges, cada uno asuma los gastos ordinarios de los mismos mientras estén en su compañía, procediendo a abonar de por mitad los gastos extraordinarios.

OCTAVA.- Es por lo expuesto por lo que solicitamos la estimación del presente recurso, con la consiguiente revocación de la sentencia de instancia en lo ya descrito en el cuerpo de la presente.

Por ello,

SUPLICO A LA AUDIENCIA:

Que tenga por presentado este escrito, lo admita junto con sus documentos y copias, y tenga por interpuesto **RECURSO DE APELACIÓN,** contra la sentencia n.º [NUMERO_ SENTENCIA] y, tras los trámites oportunos, proceda a dictar resolución estimatoria de nuestra pretensión, y acuerde la revocación de la sentencia dictada en instancia, con relación a la guarda y custodia de los menores, declarando que la misma se atribuya compartida a ambos progenitores en la siguiente forma [DESCRIPCIÓN].

Todo ello con expresa imposición en costas a la adversa.

Por ser justicia que pido en [LOCALIDAD] a [DIA] de [MES] de [AÑO]

[FIRMA_ABOGADO] [FIRMA_PROCURADOR]

PRIMER OTROSÍ DIGO: en virtud de lo dispuesto en el artículo 460 de la LEC apartado 2.º se solicita la práctica de las siguientes pruebas: [DESCRIPCIÓN] (2)

SUPLICO:

Que tenga por efectuada la anterior manifestación y admita y practique la prueba solicitada.

Por ser justicia, fecha y lugar *ut supra*

[FIRMA_ABOGADO] [FIRMA_PROCURADOR]

SEGUNDO OTROSÍ DIGO: siendo intención de esta parte cumplir con todos los requisitos legales, a tenor de lo previsto en el artículo 231 de la Ley de Enjuiciamiento Civil, se solicita se le diere traslado de cualquier defecto que adoleciere la presente demanda, para la inmediata subsanación de la misma.

SUPLICO:

Que tenga por efectuada la anterior manifestación a los efectos oportunos.

Por ser justicia, fecha y lugar *ut supra*

[FIRMA_ABOGADO] [FIRMA_PROCURADOR]

---

(1) Tras la reforma operada en el art. 458 LEC por el RD-ley 6/2023, de 19 de diciembre, con entrada en vigor el 20/03/2024, el recurso de apelación se interpone ante el tribunal competente para conocer del mismo dentro del plazo de 20 días desde la notificación de la resolución impugnada, de la cual debe acompañarse copia.
(2) Para la solicitud de prueba en apelación, debe darse lo preceptuado en el apartado 2.º del art. 460.

Escrito de oposición a la ejecución de gasto extraordinario por defectos procesales

> **A TENER EN CUENTA.** Por la reforma realizada por la LO 1/2025, de 2 de enero, una vez implantados de forma efectiva los tribunales de instancia (D.T. 1.ª), todas las referencias realizadas a los juzgados unipersonales se entenderán realizadas a las secciones del orden jurisdiccional correspondiente de los tribunales de instancia. En este caso, el art. 86 de la LOPJ atribuye esta materia a la Sección de Familia, Infancia y Capacidad.

Procedimiento: Ejecución de título judicial

Número: [NUMERO/AÑO]

AL JUZGADO DE PRIMERA INSTANCIA N.º [NUMERO] DE [LUGAR]/SECCIÓN DE FAMILIA, INFANCIA Y CAPACIDAD DEL TRIBUNAL DE INSTANCIA DE [ESPECIFICAR]

Don/Doña [NOMBRE_PROCURADOR], procurador/a de los tribunales, en nombre y representación de **don/doña** [NOMBRE_CLIENTE] con DNI [NÚMERO] según queda acreditado por medio de poder [NOTARIAL/APUD ACTA] que se acompaña como doc. n.º [NUMERO], y bajo la dirección letrada de don/doña [NOMBRE_ABOGADO] colegiado/a n.º [NUMERO] del ICA de [LUGAR], ante el juzgado/la sección comparezco y conforme mejor proceda en derecho,

DIGO

Que con fecha [FECHA] ha sido notificado a mi mandante auto despachando ejecución contra esta parte, de fecha [FECHA_AUTO], dictado en el procedimiento de ejecución n.º [NUMERO], por lo que, dentro del plazo de diez días, vengo a presentar **ESCRITO DE OPOSICIÓN POR DEFECTOS PROCESALES** en virtud del art. 559.7.3.º del LEC, ello con base a los siguientes,

HECHOS

PRIMERO.- Con fecha [FECHA] se dictó por este juzgado/esta sección sentencia de divorcio n.º [NUMERO], de fecha [FECHA], en la cual se acordó determinar la custodia [ESPECIFICAR] de los hijos menores nacidos durante el matrimonio de mi mandante y don/doña [NOMBRE_PARTE_CONTRARIA].

SEGUNDO.- En la sentencia se estableció una pensión alimenticia de [CANTIDAD] euros para hacer frente a los gastos ordinarios de los hijos y se fijó la contribución al 50% de los gastos extraordinarios referentes a [ESPECIFICAR].

TERCERO.- Con fecha [FECHA] don/doña [NOMBRE_PARTE_CONTRARIA] comunica a mi mandante su intención de enviar a la menor [NOMBRE] a un viaje al extranjero. Don/Doña [NOMBRE_CLIENTE] se opone expresamente a ese gasto por medio de escrito remitido por burofax, conforme se acredita en el documento n.º [NUMERO].

CUARTO.- Teniendo en cuenta que el gasto no se encuentra reconocido en la sentencia de divorcio como gasto extraordinario, y la expresa oposición de mi mandante no cabe la ejecución solicitada.

Todo ello con base a los siguientes,

FUNDAMENTOS DE DERECHO

I.- JURISDICCIÓN Y COMPETENCIA

Conformes con el correlativo.

II.- LEGITIMACIÓN

Conformes con el correlativo

III. POSTULACIÓN

Esta parte actúa representada por procurador y asistida por abogado conforme a lo establecido en los arts. 23 y 31 de la LEC.

IV.- FONDO DEL ASUNTO

Los gastos extraordinarios son aquellos que son imprevisibles, no se sabe si producirán ni cuándo lo harán, y, en consecuencia, no son periódicos. Los gastos extraordinarios pueden aparecer reconocidos expresamente en la sentencia de divorcio, o para el caso de que no se especifiquen, al LEC prevé el incidente del art. 776.4.ª para determinar qué gastos se consideran extraordinarios.

En los casos en que el gasto no está determinado es preceptivo acudir con carácter previo al incidente referenciado ya que el art. 776.4.ª de la LEC establece:

> «Cuando deban ser objeto de ejecución forzosa gastos extraordinarios, no expresamente previstos en las medidas definitivas o provisionales, deberá solicitarse previamente al despacho de ejecución la declaración de que la cantidad reclamada tiene la consideración de gasto extraordinario. Del escrito solicitando la declaración de gasto extraordinario se dará vista a la contraria y, en caso de oposición dentro de los cinco días siguientes, el Tribunal convocará a las partes a una vista que se sustanciará con arreglo a lo dispuesto en los artículos 440 y siguientes y que resolverá mediante auto».

Los tribunales han establecido en reiteradas ocasiones que no es posible la ejecución de un gasto extraordinario que no aparece concretado en la sentencia de divorcio, si antes no se ha acudido al incidente ya referenciado, en este sentido, la Audiencia Provincial de Tarragona en su **auto n.º 77/2012, de 10 de septiembre, ECLI:ES:APT:2012:1082A** señala:

> «En el supuesto de gastos extraordinarios cuyo importe no fija la sentencia. Esta determinación y cuantificación requiere un trámite previo como es el previsto en el art. 776.4° para la declaración de que la cantidad reclamada tiene la consideración de gasto extraordinario. Por lo que todas las alegaciones de la oposición debieron ser examinadas en el Incidente previo indicado que opera como condición objetiva de procedibilidad. La falta de este Incidente previo configura el motivo de oposición a la ejecución por defectos procesales previsto en el art. 559.1-3ª L.E.C . como motivo de nulidad del despacho de ejecución (...)».

Más recientemente en el **auto de la AP de Tarragona n.º 259/2022, de 7 de diciembre, ECLI:ES:APT:2022:1866A**, se estableció:

«El artículo 776.4 de la LEC establece: Cuando deban ser objeto de ejecución forzosa gastos extraordinarios, no expresamente previstos en las medidas definitivas o provisionales, deberá solicitarse previamente al despacho de ejecución la declaración de que la cantidad reclamada tiene la consideración de gasto extraordinario. Del escrito solicitando la declaración de gasto extraordinario se dará vista a la contraria y, en caso de oposición dentro de los cinco días siguientes, el Tribunal convocará a las partes a una vista que se sustanciará con arreglo a lo dispuesto en los artículos 440 y siguientes y que resolverá mediante auto.

Sobre el momento en el cual debe llevarse a cabo la fijación de una gasto extraordinario, señala el auto de esta Sala de 9 de marzo de 2022 "(a) El incidente del art. 776-4 LEC no puede suscitarse en ejecución de sentencia, como ha sucedido en este caso y en otros del mismo Juzgado. Es previo a la ejecución si existen dudas sobre la naturaleza y cuantía de los gastos que se van a reclamar. Si se plantea directamente la ejecución, el Juzgado debe examinar el título en que se funda, en este caso una sentencia de modificación de medidas, y en su vista decidir. Puede ocurrir que se hayan contemplado en el convenio o en la sentencia, como ordinarios o extraordinarios, y la demanda ejecutiva se acompase a ello, en cuyo caso debe darse lugar a la ejecución.

Pero puede suceder que exista indeterminación o dudas sobre su naturaleza y cuantía. En ese caso, si no se ha acudido al incidente del art. 776-4 LEC al ejecutado se le abren dos posibilidades que pueden ser cumulativas. Objetar su naturaleza y/o consentimiento y/o bien oponer la excepción de nulidad del despacho de ejecución al amparo del art. 559.1.3º LEC. La razón es muy sencilla. Se trata de una ejecución dineraria y debe por tanto ser la reclamada una cantidad líquida (art. 571 LEC). Si no se acudido al incidente previo la cantidad que se reclama no lo es y hay nulidad del título y del despacho de ejecución».

En el mismo sentido se pronuncia el **auto de la Audiencia Provincial de Cádiz n.º 292/2022, de 22 de diciembre, ECLI:ES:APCA:2022:726A**, que recoge que:

«Aun cuando no necesariamente ha de presentarse el incidente del art. 776.4 LEC para despachar ejecución por gastos extraordinarios, ya que dicho precepto, claramente preceptúa que, cuando deban ser objeto de ejecución forzosa gastos extraordinarios «no expresamente previstos», debe solicitarse previamente al despacho de ejecución la declaración de que la cantidad reclamada tiene la consideración de gasto extraordinario, porque es posible que las partes en el convenio regulador hayan pactado o, la sentencia haya determinado, de forma expresa cuáles han de tener la consideración de gastos extraordinarios; fuera de estos casos, la determinación de si un gasto es o no extraordinario, debe hacerse a través del incidente del art. 776.4 LEC. Y, ello es lo que acontece en este caso, porque no se especifican dichos gastos en el convenio regulador, a salvo de la determinación genérica de gastos no cubiertos por el seguro sanitario o actividades escolares, como excusiones, o extraescolares, sin mayor precisión, habiendo acordado, en todo caso las partes, que se consensuaran y, dado que el apelante alega que no se han consensuado ni comunicado, sin que la ejecutante haya acreditado lo contrario, estimamos que debió seguirse previamente el incidente del art. 776.4 LEC, con carácter previo a despachar ejecución, por lo que este motivo de recurso ha de ser estimado (...)».

V.- COSTAS

Deberá declararse la condena en costas del ejecutante conforme a lo establecido en el art 559.2 de la LEC.

Por todo lo expuesto,

SUPLICO AL JUZGADO/A LA SECCIÓN:

Que tenga por presentado este escrito, lo admita y por tanto, tenga por formulada **OPOSICIÓN A LA EJECUCIÓN** por defectos procesales, y previos los trámites legales oportunos dicte auto por el cual estimando la oposición, deje sin efecto la ejecución solicitada, mandando se alcen cuantas medidas y embargos se hubieren adoptado en relación con los bienes de mi principal, reintegrándole a la situación anterior al despacho de la ejecución, todo ello con expresa condena en costas del ejecutante, y procediéndose finalmente al archivo de las actuaciones.

Por ser justicia que pido en [LUGAR], a [FECHA]

[FIRMA_ABOGADO] [FIRMA_PROCURADOR]

---

(1) Por la reforma realizada por la LO 1/2025, de 2 de enero, una vez implantados de forma efectiva los tribunales de instancia (D.T. 1.ª), todas las referencias realizadas a los juzgados unipersonales se entenderán realizadas a las secciones del orden jurisdiccional correspondiente de los tribunales de instancia. En este caso, el art. 86 de la LOPJ atribuye esta materia a la Sección de Familia, Infancia y Capacidad.

Convenio regulador de separación de mutuo acuerdo con liquidación de régimen y compensatoria, con hijos

En [CIUDAD] a [DIA] de [MES] de [AÑO]

REUNIDOS

De una parte, don/doña [NOMBRE] con DNI [DNI], y domicilio en [DOMICILIO] de [CIUDAD].

De otra parte, don/doña [NOMBRE] con DNI [DNI], y domicilio en [DOMICILIO] de [CIUDAD].

Ambas partes comparecen en nombre propio y derecho, y se reconocen capacidad legal para el otorgamiento del presente **CONVENIO REGULADOR de separación de común acuerdo,** de conformidad con el artículo 81.1 del Código Civil, y establecen el siguiente contenido de acuerdo con el artículo 90 del mismo cuerpo legal y,

MANIFIESTAN

PRIMERO.- Contrajeron matrimonio [CIVIL/CANÓNICO] el [DIA] de [MES] de [AÑO], en [LOCALIDAD], estando inscrito actualmente en el tomo [NÚMERO], página [NÚMERO], de la Sección de Matrimonios del Registro Civil de [LOCALIDAD].

SEGUNDO.- Fruto de dicho matrimonio nacieron [NÚMERO] hijos, [NOMBRE], fecha de nacimiento [DIA] de [MES] de [AÑO] y [NOMBRE], fecha de nacimiento [DIA] de [MES] de [AÑO], inscritos en el Registro Civil de [LOCALIDAD] en el tomo [NÚMERO], página [NÚMERO], y en el tomo [NÚMERO], página [NÚMERO], respectivamente.

TERCERO.- El régimen económico del matrimonio es el de [ESPECIFICAR].

CUARTO.- Siendo imposible continuar con la relación matrimonial, han dado por finalizada su relación en [FECHA], por lo que han llegado al acuerdo de suscribir el presente convenio regulador, en base a las siguientes,

ESTIPULACIONES

I.- PATRIA POTESTAD (1)

La patria potestad se ejercerá conjuntamente por ambos progenitores, actuando siempre en beneficio de sus hijos y de acuerdo con su personalidad. No obstante, serán válidos los actos realizados por cualquiera de ellos en situaciones de urgente necesidad, poniendo los hechos inmediatamente en conocimiento del otro.

II.- GUARDA Y CUSTODIA DE LOS HIJOS

La guarda y custodia de ambos hijos se atribuye a don/doña [NOMBRE], con el/la que convivirán.

III.- COMUNICACIONES Y ESTANCIAS

III.1. Don/Doña [NOMBRE] podrá estar en compañía de sus hijos de la manera siguiente:

a) Semanal: don/doña [NOMBRE] podrá tener consigo a los hijos un fin de semana de cada dos, de sábado por la mañana a domingo por la tarde, recogiéndolos y devolviéndolos en el domicilio del otro progenitor, en horas que respeten el horario habitual de los niños.

Podrá igualmente tener consigo a los hijos una tarde entre semana, entre martes o jueves, a convenir entre los progenitores, recogiéndolos en el colegio, y devolviéndolos en el domicilio del otro progenitor.

b) Periodos de vacaciones: Por Navidad, los hijos pasarán la mitad de sus vacaciones escolares con cada uno de los progenitores, rotando éstos anualmente el período que pasarán con cada uno, empezando este año con la primera porción con don/doña [NOMBRE] y la segunda con don/doña [NOMBRE], sin perjuicio de intercambiarse el turno por acuerdo de los progenitores.

En Semana Santa, los hijos pasarán un año con cada uno de los progenitores en años alternos.

Durante el período de vacaciones escolares de verano, correspondiente a los meses de julio y agosto, pasarán los hijos un mes con don/doña [NOMBRE] y otro con don/doña [NOMBRE], a convenir entre éstos con la suficiente antelación, y caso de desacuerdo, don/doña [NOMBRE] elegirá los años pares y don/doña [NOMBRE] los impares.

III.2. Como régimen de visitas a favor de los abuelos se establece el siguiente:

c) En general: en los fines de semana y periodos vacacionales en que a don/doña [NOMBRE] corresponda tener consigo a los hijos, si el mismo estuviera fuera de la localidad, como ocurre por motivos laborales, podrán encargarse de tener consigo a aquéllos los abuelos [ESPECIFICAR], [NOMBRE] y [NOMBRE], quienes les recogerán y devolverán en el domicilio de don/doña [NOMBRE], como sea de costumbre, pudiendo pasar estos periodos los menores en el domicilio, bien del progenitor, bien en el de los abuelos.

d) Semanal: una tarde de la semana, de martes a jueves, aparte de la que haya elegido don/doña [NOMBRE] por corresponderle, los abuelos [ESPECIFICAR] podrán tener en su compañía a los nietos, tomándolos a la salida del colegio y devolviéndolos antes de las 22.00 horas al domicilio de don/doña [NOMBRE].

III.3. Normas generales.

e) Se favorecerán las relaciones de los hijos, no sólo con los abuelos, como se regula, sino con los parientes de don/doña [NOMBRE], en especial, con [NOMBRE] y [NOMBRE].

f) Las visitas pactadas como semanales ordinarias se suspenderán durante los periodos de vacaciones.

g) El progenitor o abuelo que se encuentre con los hijos permitirá y facilitará en todo momento la comunicación con cualquiera de los progenitores, otros abuelos, parientes y allegados de la familia, siempre que ésta no se produzca de forma caprichosa, injustificada o fuera de las horas normales para ello.

h) Cualquiera de los progenitores o abuelos que traslade a los menores de un lugar conocido a otro desconocido, lo comunicará a los demás, y dará también el nuevo teléfono, si lo hubiere.

i) En caso de enfermedad de los hijos, cualquiera de los progenitores deberá comunicárselo al otro, y en caso de estancia con los abuelos, comunicárselo a los dos progenitores, permitiendo la visita en el domicilio al progenitor o abuelo que lo interese y, en todo caso, deberá considerarse la opinión de progenitores y abuelos en lo relativo a médicos, tratamientos, hospitales, etc.

j) Los progenitores se comprometen a interpretar este convenio tomando siempre en consideración el interés y protección de los menores, y a evitar cualquier actitud que afecte el cariño y respeto de los hijos hacia ambos, y hacia cualquiera de sus abuelos.

IV.- ATRIBUCIÓN DEL USO DE LA VIVIENDA FAMILIAR

Se atribuye a don/doña [NOMBRE] y sus hijos el uso de la vivienda familiar sita en la calle [CALLE] piso n.º [NÚMERO] letra [DESCRIPCIÓN], así como el uso del ajuar familiar en ella existente, por ser a quien corresponde la guarda y custodia de los hijos.

V.- ALIMENTOS Y SUSTENTO DE LOS HIJOS MENORES DE EDAD

Se fija la cantidad de [CANTIDAD EN LETRA] euros ([CANTIDAD] euros) mensuales en concepto de contribución de don/doña [NOMBRE] a los alimentos para sus hijos.

Dicha cantidad será ingresada mensualmente, por meses anticipados, dentro de los cinco primeros días de cada mes, en el siguiente número de cuenta [ESPECIFICAR].

Esta cantidad será revisada anualmente en proporción a las variaciones del [ÍNDICE DE ACTUALIZACIÓN] que publique el Instituto Nacional de Estadística o cualquier otro organismo público que en el futuro pudiera cumplir análoga misión.

Los gastos extraordinarios de los hijos, de tratamiento médico, farmacia, gafas, lentillas, ortodoncia, ortopedia, audífonos, no cubiertos por el sistema público de salud o una entidad médica privada serán abonados por mitad por ambos progenitores, y los relativos a gastos por clases extraordinarias de repaso, viajes escolares de los menores, clases extraescolares de [ESPECIFICAR], actividades deportivas serán a cargo, por mitad, de ambos progenitores, siempre que previamente se haya prestado su conformidad o así vengan recomendados por el centro escolar, caso contrario serán sufragados por el progenitor que haya decidido su realización. Cualesquiera otros deberán ser pactados previamente.

VI.- COMPENSACIÓN POR DESEQUILIBRIO (2)

Don/Doña [NOMBRE] abonará a don/doña [NOMBRE] en concepto de pensión compensatoria la cantidad de [CANTIDAD EN LETRA] euros ([CANTIDAD] euros) mensuales.

Dicha cantidad será ingresada mensualmente y revisada anualmente a tenor de lo establecido en el apartado anterior para los alimentos.

VII.- LIQUIDACIÓN DEL RÉGIMEN ECONÓMICO MATRIMONIAL

Los comparecientes acuerdan la disolución del régimen económico matrimonial, y su liquidación conforme a las siguientes reglas:

A) INVENTARIO

Activo:

- Bienes muebles:

1.º Acciones de la entidad [NOMBRE], sita en la calle [CALLE] de [LUGAR] a nombre de don/doña [NOMBRE], cuyo valor a fecha [FECHA] es de [CANTIDAD] €.

2.º Fondo de inversión n.º [NÚMERO] de la entidad [NOMBRE], sita en la calle [CALLE] de [LUGAR] a nombre de don/doña [NOMBRE], cuyo importe a fecha [FECHA] es de [CANTIDAD] €.

3.º Cuenta corriente n.º [NÚMERO] de la entidad [NOMBRE], sucursal [NOMBRE], sita en la calle [CALLE] de [LUGAR] a nombre de don/doña [NOMBRE], cuyo importe a fecha [FECHA] es de [CANTIDAD] €.

4.º Cuenta corriente n.º [NÚMERO] de la entidad [NOMBRE], sucursal [NOMBRE], sita en la calle [CALLE] de [LUGAR] a nombre de don/doña [NOMBRE], cuyo importe a fecha [FECHA] es de [CANTIDAD] €.

- Bienes inmuebles:

5.º Vivienda que constituye el domicilio familiar, sita en la calle [CALLE], n.º [NÚMERO] de [LUGAR].

Título.- Les corresponde a los comparecientes por compra, constante el matrimonio, según escritura pública otorgada ante el notario/a don/doña [NOMBRE_NOTARIO], el día [FECHA], con el n.º [NÚMERO] de su protocolo.

Inscripción. Inscrita en el Registro de la Propiedad n.º [NÚMERO] de [LOCALIDAD], libro [NÚMERO], sección [NÚMERO], folio [NÚMERO], inscripción n.º [NÚMERO].

Cargas: se halla gravada con la hipoteca que se describe en el pasivo.

Ref. Catastral: [NÚMERO].

Valoración: se valora, según tasación solicitada por ambos cónyuges, en la cantidad de [CANTIDAD] euros.

6.º Vivienda sita en la calle [CALLE], n.º [NÚMERO] de [LUGAR].

Título.- Les corresponde a los comparecientes por compra, constante el matrimonio, según escritura pública otorgada ante el notario/a don/doña [NOMBRE_NOTARIO], el día [FECHA], con el n.º [NÚMERO] de su protocolo.

Inscripción. Inscrita en el Registro de la Propiedad n.º [NÚMERO] de [LOCALIDAD], libro [NÚMERO], sección [NÚMERO], folio [NÚMERO], inscripción n.º [NÚMERO].

Cargas: se halla gravada con la hipoteca que se describe en el pasivo.

Ref. Catastral: [NÚMERO].

Valoración: se valora, según tasación solicitada por ambos cónyuges, en la cantidad de [CANTIDAD] euros.

Pasivo:

1. Préstamo con garantía hipotecaria sobre la vivienda que se describe en el n.º 5 del activo, a favor de la entidad [NOMBRE] sita en la calle [CALLE] de [LOCALIDAD], cuyo importe no satisfecho a fecha [FECHA] es de [CANTIDAD] euros.

2. Préstamo personal concedido por la entidad [NOMBRE] sita en la calle [CALLE] de [LOCALIDAD], cuyo importe pendiente de pago a fecha [FECHA] es de [CANTIDAD] euros.

B) EL TOTAL DE LOS BIENES INVENTARIADOS DEDUCIDO EL PASIVO DEL ACTIVO DE LA SOCIEDAD IMPORTA LA CANTIDAD DE [CANTIDAD] **euros.**

C) LIQUIDACIÓN Y REPARTO (3)

A don/doña [NOMBRE] *se le adjudica:*

a) La copropiedad al 50 % de la finca descrita en el n.º 5 de los bienes del activo.

b) El importe total de los depósitos en bolsa y del fondo de inversiones, descritos en los n.º 1 y 2 del activo.

c) El importe total de la cuenta corriente descrita en el n.º 3 del activo.

d) Corresponde al adjudicatario el abono total del préstamo personal descrito en el n.º 2 del pasivo.

A don/doña [NOMBRE] *se le adjudica:*

a) La copropiedad al 50 % de la finca descrita en el n.º 5 del activo, además del régimen de uso y disfrute, hasta que los menores alcancen independencia económica, en cuyo momento, salvo acuerdo en contrario de prórroga, se procederá a su venta.

b) La propiedad total de la finca descrita en el n.º 6 del activo.

c) El importe total de la cuenta corriente descrita en el n.º 4 del activo.

VIII.- Los cónyuges se obligan a firmar la documentación que sea necesaria para el fiel cumplimiento de lo pactado en este contrato, así como a efectuar las comparecencias ante oficinas públicas y privadas a las que sean requeridos para dicho fin.

Los cónyuges manifiestan su voluntad de acudir al tribunal competente para obtener su separación o divorcio, acompañando a la separación o divorcio convencional el convenio aquí estipulado.

En prueba de conformidad con todo lo acordado, firman los comparecientes el presente documento por triplicado y en todas sus hojas, en el lugar y fecha al principio indicados, quedando un ejemplar para cada cónyuge, y otro a los efectos de su aportación al juzgado, junto con la demanda de [SEPARACIÓN/DIVORCIO DE MUTUO ACUERDO] [DESCRIPCIÓN].

[FIRMAS]

---

(1) En caso de que los hijos sean mayores de edad o no exista descendencia, se hará constar en estos apartados simplemente que «nada procede acordar por cuanto los hijos del matrimonio han alcanzado la mayoría de edad o en su caso por cuanto no ha habido descendencia del matrimonio». Es útil hacer constar en el convenio de separación para evitar futuras discusiones sobre este particular que la obligación de satisfacer alimentos a los hijos no se extingue automáticamente por alcanzar la mayoría de edad, sino que se mantendrá hasta que los hijos alcancen la independencia económica de los padres.

(2) Puede indicarse la temporalidad de la misma.

(3) Téngase en consideración que estos pactos entre partes no surtirán efectos ante terceros acreedores, es decir, aunque las partes se obliguen individualmente al abono total de un préstamo o crédito, la entidad acreedora, en caso de impago, podrá dirigirse contra ambos para el caso de haberse suscrito en ganancialidad, por ambos, o incluso avalándose mutuamente.

Escrito solicitando la ampliación de la ejecución de pensión de alimentos y gastos extraordinarios

A TENER EN CUENTA. Por la reforma realizada por la LO 1/2025, de 2 de enero, una vez implantados de forma efectiva los tribunales de instancia (D.T. 1.ª), todas las referencias realizadas a los juzgados unipersonales se entenderán realizadas a las secciones del orden jurisdiccional correspondiente de los tribunales de instancia. En este caso, el art. 86 de la LOPJ atribuye esta materia a la Sección de Familia, Infancia y Capacidad.

Ejecución de títulos [NUM_EJECUCIÓN]

AL JUZGADO DE PRIMERA INSTANCIA N.º [NÚMERO] DE [LUGAR]/SECCIÓN DE FAMILIA DEL TRIBUNAL DE INSTANCIA DE [ESPECIFICAR] (1)

D./D.ª [NOMBRE_PROCURADOR_CLIENTE] en representación de D./D.ª [NOMBRE_CLIENTE] y bajo dirección letrada de D./D.ª [NOMBRE_ABOGADO_CLIENTE], en la representación que tengo acreditada, ante este juzgado/esta sección y como mejor proceda en derecho,

DIGO

Por la presente, y siguiendo las expresas instrucciones de mi poderdante, formulamos **SOLICITUD DE AMPLIACIÓN DE EJECUCIÓN Y MEJORA DE EMBARGO**. Y ello sobre la base de los siguientes,

HECHOS

PRIMERO.- A fecha [FECHA], esta parte instó demanda de ejecución de sentencia contra D./D.ª [NOMBRE_PARTECONTRARIA].

SEGUNDO.- Por resolución de fecha [FECHA] por ese juzgado/esa sección se decretó el despacho de ejecución sobre los bienes del deudor en cantidad suficiente para cubrir la cantidad de [CANTIDAD] correspondientes a [DESCRIPCIÓN] en concepto de principal más [CANTIDAD] para intereses y costas.

TERCERO.- Que en fecha [FECHA], se llevó a cabo la vista prevista en el artículo 560 de la LEC a fin de fijar la cantidad adeudada a efectos de ejecución, llegando las partes a un acuerdo que fijaba como cantidad adeudada hasta la fecha de presentación de la demanda de ejecución el pasado [FECHA] en [CANTIDAD] euros como principal.

CUARTO.- Que a fecha de presentación de esta ampliación de ejecución se han vencido nuevas pensiones de alimentos (estipulación [NÚMERO]) y nuevas mensualidades correspondientes al pago destinado a la disolución de matrimonio (estipulación [NÚMERO]) que no han sido abonadas por el aquí ejecutado.

QUINTO.- La cantidad total que es objeto de la ampliación de la ejecución que solicita la presente parte asciende a [FECHA], en concepto de principal, más [FECHA]

fijados provisionalmente para intereses y costas ([PORCENTAJE] % del principal), lo que hace un total de [CANTIDAD].

Por lo tanto, el montante de la cantidad adeudada se desglosa de la siguiente manera:

1. Por lo que se refiere a la pensión de alimentos. [TEXTO SENTENCIA EN CUANTO PENSIÓN ALIMENTOS]

En concepto de pensión de alimentos, se adeudan hasta el momento [CANTIDAD], correspondientes a: [DESCRIPCIÓN].

Aportamos como documento número [NÚMERO] un extracto bancario de la cuenta de [NÚMERO_CUENTA] correspondiente al año [AÑO] y como documento número [NÚMERO] extracto bancario del año [AÑO] hasta la fecha. Adjuntamos como documento número tres actualización de renta del Instituto Nacional de Estadística.

Asimismo, a estos importes deben añadirse los correspondientes a los establecidos por el artículo 576.1 de la Ley de Enjuiciamiento Civil:

> «Desde que fuere dictada en primera instancia, toda sentencia o resolución que condene al pago de una cantidad de dinero líquida determinará, en favor del acreedor, el devengo de un interés anual igual al del interés legal del dinero incrementado en dos puntos o el que corresponda por pacto de las partes o por disposición especial de la ley».

Se aporta como documento número [NÚMERO], los cálculos de intereses mensuales. Así pues, la deuda a fecha de presentación de esta demanda en concepto de pensión de alimentos asciende a [CANTIDAD].

2. En cuanto a los gastos extraordinarios. [TEXTO SENTENCIA EN CUANTO GASTOS EXTRAORDINARIOS]

En concepto de gastos extraordinarios, se adeudan hasta el momento [CANTIDAD], correspondientes a: [DESCRIPCIÓN].

Se aportan como **documentos n.º** [NÚMERO] a [NÚMERO] documentos acreditativos de estos gastos. Todos ellos fueron aceptados de forma previa por parte de ambos progenitores.

Cabe destacar que [NOMBRE_PARTE_CONTRARIA] ha venido abonando cantidades en pago de estos conceptos correspondientes a estos meses, lo cual acredita que son actividades autorizadas por el mismo. Se aportan dichos justificantes como documentos número [NÚMERO]. Asimismo, constan los ingresos realizados por estos conceptos en otras fechas en los extractos aportados como documental uno y dos.

SEXTO.- A la vista de lo manifestado, queda acreditado que, a fecha de hoy, [FECHA], se adeudan las cantidades siguientes en concepto de principales: [DESCRIPCIÓN Y CANTIDADES].

A todas estas cuantías debe añadirse un [PORCENTAJE] % como cuantía fijada provisionalmente para intereses y costas de la ejecución.

SÉPTIMO.- Teniendo en cuenta los intereses legítimos de mi patrocinado, interesa a la presente parte que se amplíe automáticamente la ejecución, por el importe correspondiente a los nuevos vencimientos que vengan siendo impagados por el ejecutado e intereses correspondientes.

A los anteriores hechos son de aplicación los siguientes,

FUNDAMENTOS DE DERECHO

I.- AMPLIACIÓN DE LA EJECUCIÓN

Que según el artículo 578.1 de la Ley de Enjuiciamiento Civil, «si, despachada ejecución por deuda de una cantidad líquida, venciera algún plazo de la misma obligación en cuya virtud se procede, o la obligación en su totalidad, se entenderá ampliada la ejecución por el importe correspondiente a los nuevos vencimientos de principal e intereses, si lo pidiere así el actor y sin necesidad de retrotraer el procedimiento».

II.- INTERESES POR MORA PROCESAL

Señala el art. 576.1 de la Ley de Enjuiciamiento Civil que, «desde que fuere dictada en primera instancia, toda sentencia o resolución que condene al pago de una cantidad de dinero líquida determinará, en favor del acreedor, el devengo de un interés anual igual al del interés legal del dinero incrementado en dos puntos o el que corresponda por pacto de las partes o por disposición especial de la ley».

III.- INTERESES DE LA EJECUCIÓN

Resulta de aplicación el art. 575 de la Ley de Enjuiciamiento Civil:

«1. La ejecución se despachará por la cantidad que se reclame en la demanda ejecutiva en concepto de principal e intereses ordinarios y moratorios vencidos, incrementada por la que se prevea para hacer frente a los intereses que, en su caso, puedan devengarse durante la ejecución y a las costas de ésta. La cantidad prevista para estos dos conceptos, que se fijará provisionalmente, no podrá superar el 30 por 100 de la que se reclame en la demanda ejecutiva, sin perjuicio de la posterior liquidación.

Excepcionalmente, si el ejecutante justifica que, atendiendo a la previsible duración de la ejecución y al tipo de interés aplicable, los intereses que puedan devengarse durante la ejecución más las costas de ésta superaran el límite fijado en el párrafo anterior, la cantidad que provisionalmente se fije para dichos conceptos podrá exceder del límite indicado.

1 bis. En todo caso, en el supuesto de ejecución de vivienda habitual las costas exigibles al deudor ejecutado no podrán superar el 5 por cien de la cantidad que se reclame en la demanda ejecutiva.

2. Sin perjuicio de la pluspetición que pueda alegar el ejecutado, el tribunal no podrá denegar el despacho de la ejecución porque entienda que la cantidad debida es distinta de la fijada por el ejecutante en la demanda ejecutiva.

3. Sin embargo, no se despachará ejecución si, en su caso, la demanda ejecutiva no expresase los cálculos a que se refieren los artículos anteriores o a ella no se acompañasen los documentos que estos preceptos exigen».

IV.- MEJORA DE EMBARGO

Que establece el artículo 578.3 de la LEC que la ampliación de la ejecución será razón suficiente para la mejora del embargo y podrá hacerse constar en la anotación preventiva de éste conforme a lo dispuesto en el apartado 4 del artículo 613 de esta ley.

V.- EJECUCIÓN POR CONDENA A PRESTACIÓN ALIMENTICIA

El art. 608 de la LEC prevé que lo dispuesto en el artículo 607 no será de aplicación cuando se proceda por ejecución de sentencia que condene al pago de alimentos, en todos los casos en que la obligación de satisfacerlos nazca directamente de la Ley, incluyendo los pronunciamientos de las sentencias dictadas en procesos de nulidad, separación o divorcio sobre alimentos debidos al cónyuge o a los hijos o de los decretos o escrituras públicas que formalicen el convenio regulador que los establezcan. En estos casos, así como en los de las medidas cautelares correspondientes, el tribunal fijará la cantidad que puede ser embargada.

VI.- *IURA NOVIT CURIA* y *DA MIHI FACTUR ET EGO TIBI DABO IUS*

En virtud de los cuales, los juzgadores pueden aplicar las normas jurídicas que estimen pertinentes, siempre que se ajusten a las pretensiones de las partes oportunamente aducidas en el pleito.

VII.- COSTAS

Resultan de aplicación en materia de costas los artículos 539 y 583 de la LEC.

En su virtud,

SUPLICO AL JUZGADO/A LA SECCIÓN:

Que con admisión del presente escrito, sus copias y documentos y traslado a la parte contraria, se acuerde:

a) **DECRETAR LA CORRESPONDIENTE AMPLIACIÓN DE EJECUCIÓN** y mejora de embargo sobre los bienes del deudor en cantidad suficiente para cubrir [CANTIDAD] correspondientes a [DESCRIPCIÓN] en concepto de principal, más [CANTIDAD] para intereses y costas que deberán ser impuestas expresamente a la parte ejecutada. Todo ello POR LAS CANTIDADES ADEUDADAS EN CONCEPTO DE PENSIÓN DE ALIMENTOS; y, sin necesidad de requerimiento personal.

b) **DECRETAR LA CORRESPONDIENTE AMPLIACIÓN DE EJECUCIÓN** y mejora de embargo sobre los bienes del deudor en cantidad suficiente para cubrir [CANTIDAD] correspondientes a [DESCRIPCIÓN], en concepto de principal, más [CANTIDAD] para intereses y costas que deberán ser impuestas expresamente a la parte ejecutada. Todo ello por las cantidades adeudadas en concepto de gastos extraordinarios; tras los trámites establecidos en el artículo 776 de la Ley de Enjuiciamiento Civil.

c) **Que una vez realizadas dichas diligencias, se proceda al pago a mi patrocinada del pago de la cantidad reclamada.**

OTROSÍ DIGO PRIMERO: al amparo del art. 231 LEC esta parte manifiesta su voluntad de corregir cualquier defecto de carácter procesal en que pudieran haber incurrido.

OTROSÍ DIGO SEGUNDO: interesa a esta parte se lleve a cabo los trámites establecidos en el art. 776.4 LEC a fin de declarar la cantidad reclamada en concepto de gastos extraordinarios.

OTROSÍ DIGO TERCERO: Por desconocimiento de la existencia de bienes, al amparo del artículo 589 LEC, se interesa: SE REQUIERA A LA PARTE EJECUTADA a fin de manifestar relación de bienes y derechos suficientes para cubrir la cuantía de la ejecución, con expresión, en su caso, de cargas y gravámenes, así como, en el caso de inmuebles, si están ocupados, por qué personas y con qué título. Y todo ello, bajo apercibimiento de las sanciones que pueden imponérsele.

OTROSÍ DIGO CUARTO: en cumplimiento de lo previsto en los artículos 549.1.4.º, 590 y 591 LEC, interesa SE ACUERDE LA PRÁCTICA DE MEDIDAS DE INVESTIGACIÓN recabando datos de los organismos y registros siguientes:

1.- A la TGSS, por medio de consulta telemática, información de [ESPECIFICAR].

2.- A la DELEGACIÓN DE HACIENDA, información de [ESPECIFICAR].

3.- A la JEFATURA PROVINCIAL DE TRÁFICO, si [NOMBRE_PARTECONTRARIA] es propietario de algún vehículo.

4.- A la entidad bancaria [NOMBRE_EMPRESA] domiciliada [DOMICILIO_SOCIAL], si existen tarjetas de crédito a nombre de [NOMBRE_PARTECONTRARIA] y, en caso afirmativo, con qué entidad tiene dicha tarjeta y el número de cuenta corriente.

5.- A la GERENCIA TERRITORIAL DEL CENTRO DE GESTIÓN CATASTRAL Y COOPERACIÓN TRIBUTARIA (área metropolitana), para que faciliten la descripción y situación de los inmuebles o fincas que según sus registros puedan corresponder al ejecutado.

Por todo lo expuesto, nuevamente,

AL JUZGADO/A LA SECCIÓN SUPLICO:

Que provea de conformidad con lo solicitado.

Por ser justicia que se pide en [CIUDAD] a [FECHA].

Letrado D./D.ª [NOMBRE]   Procurador D./D.ª [NOMBRE]

[NÚMERO_COLEGIADO   [NÚMERO_COLEGIADO_
ABOGADO_CLIENTE]   PROCURADOR_CLIENTE]

---

(1) Por la reforma realizada por la LO 1/2025, de 2 de enero, una vez implantados de forma efectiva los tribunales de instancia (D.T. 1.ª), todas las referencias realizadas a los juzgados unipersonales se entenderán realizadas a las secciones del orden jurisdiccional correspondiente de los tribunales de instancia. En este caso, el art. 86 de la LOPJ atribuye esta materia a la Sección de Familia, Infancia y Capacidad.

Demanda ejecutiva de mensualidades, atrasos y actualizaciones de pensión de alimentos

A TENER EN CUENTA. Por la reforma realizada por la LO 1/2025, de 2 de enero, una vez implantados de forma efectiva los tribunales de instancia (D.T. 1.ª), todas las referencias realizadas a los juzgados unipersonales se entenderán realizadas a las secciones del orden jurisdiccional correspondiente de los tribunales de instancia. En este caso, el art. 86 de la LOPJ atribuye esta materia a la Sección de Familia, Infancia y Capacidad.

AL JUZGADO DE PRIMERA INSTANCIA NÚMERO [NÚMERO] DE [LOCALIDAD]//SECCIÓN DE FAMILIA DEL TRIBUNAL DE INSTANCIA DE [ESPECIFICAR] (4)

D./D.ª [NOMBRE_PROCURADOR_CLIENTE], con número de colegiado/a [NÚMERO_COLEGIADO_PROCURADOR_CLIENTE], en nombre y representación de D./D.ª [NOMBRE_CLIENTE], según consta acreditado en este procedimiento, con la asistencia letrada de D./D.ª [NOMBRE_ABOGADO_CLIENTE] con número de colegiado/a [NÚMERO_COLEGIADO_ABOGADO_CLIENTE], ante el juzgado/la sección comparezco y, como mejor proceda en derecho,

DIGO

En la representación que ostento y por medio del presente escrito, vengo a formular **DEMANDA DE EJECUCIÓN DE TÍTULO JUDICIAL** frente a D./D.ª [NOMBRE_PARTECONTRARIA], con [DNI] y domicilio en [DOMICILIO], en calidad de obligado/a al pago de la pensión de alimentos y los intereses correspondientes, más los intereses y costas de la presente ejecución, de conformidad con los siguientes,

HECHOS

PRIMERO.-Ante este juzgado/esta sección se dictó sentencia en fecha [FECHA] en el procedimiento contencioso/de mutuo acuerdo [NÚMERO].

En dicha sentencia se homologaba judicialmente el convenio regulador/acordaba medidas definitivas reguladoras de ruptura entre mi representado/a y la parte adversa.

En relación con la pensión de alimentos se establecía lo siguiente:

«Se establece una pensión alimenticia a favor del hijo menor a cargo del progenitor custodio por importe de [NÚMERO] euros, hasta la mayoría de edad o hasta que esté en condiciones de suficiencia económica.

Esta cantidad se abonará mensualmente, entre los días 1 y 5 de cada mes, en cuenta bancaria designada por el progenitor custodio a tal efecto.

Esta cantidad se actualizará anualmente a las variaciones que experimente el índice de precios al consumo que publique el INE u organismo que lo sustituya, con efectos al primero de cada año».

SEGUNDO.- Mi mandante ha pagado algunas mensualidades sin la actualización anual correspondiente, adeudando por dicho concepto las siguientes cantidades:

- [MES].
- [MES].
- [MES].

TERCERO.- Asimismo, el/la ejecutado/a ha dejado de abonar a mi mandante las cantidades correspondientes a las siguientes mensualidades:

- [MES].
- [MES].
- [MES].

CUARTO.- El importe total que adeuda el ejecutado/a a mi mandante por los conceptos referidos en los apartados tercero y cuarto asciende a [NÚMERO] euros.

Los intereses por dichos impagos ascienden a [NÚMERO] euros.

Las cantidades adeudadas se sintetizan en el siguiente cuadro:

CONCEPTOS	AÑO	MES	INTERESES	IMPORTES
ATRASOS				
ACTUALIZACIONES				

QUINTO.-Mi principal requirió fehacientemente a la contraparte mediante [MEDIO_FEHACIENTE], resultando dicho intento absolutamente infructuoso, motivo por el cual se insta la presente ejecución.

FUNDAMENTOS DE DERECHO

I.- JURISDICCIÓN

Conforme lo dispuesto en el art. 21.1 de la LOPJ y en el art. 36 de la LEC, los tribunales españoles del orden civil son los competentes para conocer de la acción que se ejercita.

II.- COMPETENCIA

De conformidad con el artículo 545.1 de la LEC, es competente el juzgado (sección de familia) al que dirijo por conocer el asunto en primera instancia.

III.- CAPACIDAD Y LEGITIMACIÓN

Ambas partes ostentan capacidad suficiente de conformidad con lo dispuesto en los arts. 6 y 7 de la LEC, y están legitimadas las partes que forman parte de este proceso, en virtud de los artículos 10 y siguientes de la LEC.

La legitimación activa corresponde a mi poderdante por ser parte en el procedimiento en que se ha dictado la resolución judicial cuya ejecución se interesa.

La legitimación pasiva corresponde al/la demandado/a por venir obligado/a al cumplimiento de la resolución cuya ejecución se insta, de conformidad con el artículo 538 LEC.

IV.- POSTULACIÓN

De conformidad con el artículo 539 de la LEC se firma esta demanda por abogado/a y procurador/a.

V.- PROCEDIMIENTO

Debe aplicarse el procedimiento de ejecución de los artículos 776 de la LEC (1):

«Los pronunciamientos sobre medidas se ejecutarán con arreglo a lo dispuesto en el Libro III de esta ley, con las especialidades siguientes:

1.ª Al cónyuge o progenitor que incumpla de manera reiterada las obligaciones de pago de cantidad que le correspondan podrán imponérsele por el letrado o letrada de la Administración de Justicia multas coercitivas, con arreglo a lo dispuesto en el artículo 711 y sin perjuicio de hacer efectivas sobre su patrimonio las cantidades debidas y no satisfechas.

2.ª En caso de incumplimiento de obligaciones no pecuniarias de carácter personalísimo, no procederá la sustitución automática por el equivalente pecuniario prevista en el apartado tercero del artículo 709 y podrán, si así lo juzga conveniente el Tribunal, mantenerse las multas coercitivas mensuales todo el tiempo que sea necesario más allá del plazo de un año establecido en dicho precepto.

3.ª El incumplimiento reiterado de las obligaciones derivadas del régimen de visitas, tanto por parte del progenitor guardador como del no guardador, podrá dar lugar a la modificación por el Tribunal del régimen de guarda y visitas siempre y cuando sea acorde con la evaluación del interés superior del menor realizada previamente.

4.ª Cuando deban ser objeto de ejecución forzosa gastos extraordinarios, no expresamente previstos en las medidas definitivas o provisionales, deberá solicitarse previamente al despacho de ejecución la declaración de que la cantidad reclamada tiene la consideración de gasto extraordinario. Del escrito solicitando la declaración de gasto extraordinario se dará vista a la contraria y, en caso de oposición dentro de los cinco días siguientes, el Tribunal convocará a las partes a una vista que se sustanciará con arreglo a lo dispuesto en los artículos 440 y siguientes y que resolverá mediante auto».

Del mismo modo los artículos 538 y siguientes de la LEC.

VI.- FONDO DEL ASUNTO

La ejecución ha de **despacharse** frente a D./D.ª [NOMBRE_PARTE_CONTRARIA].

En virtud del **artículo 518 de la LEC**, «la acción ejecutiva fundada en sentencia, en resolución del tribunal o del letrado de la Administración de Justicia que apruebe una transacción judicial o un acuerdo alcanzado en el proceso, en resolución arbitral o en acuerdo de mediación caducará si no se interpone la correspondiente demanda ejecutiva dentro de los cinco años siguientes a la firmeza de la sentencia o resolución».

En cuanto a los intereses, el **artículo 576 de la LEC** señala que desde que fuere dictada en primera instancia, toda sentencia o resolución que condene al pago de una cantidad de dinero líquida determinará, en favor del acreedor, el devengo de un interés anual igual al del interés legal del dinero incrementado en dos puntos o el que corresponda por pacto de las partes o por disposición especial de la ley.

Por su parte, el art. 774.5 de la LEC establece la eficacia de las medidas definitivas desde el momento en que se hubiese dictado la sentencia, tal y como dispone el TS, en sentencia n.º 371/2018, de 19 de junio, ECLI:ES:TS:2018:2294: «cada resolución habrá de despegar eficacia desde que se dicte, siendo solo la primera resolución que fije la pensión de alimentos la que podrá imponer el pago desde la fecha de interposición de la demanda (porque hasta esa fecha no estaba determinada la obligación)».

A este respecto, la sentencia de la Audiencia Provincial de Girona de fecha 29 de febrero de 2012, ECLI:ES:APGI:2012:34A, reza como sigue:

«La necesaria conciliación de ambos preceptos exige una interpretación sistemática de los mismos. El artículo 774, cuyo apartado quinto, como hemos visto, excluye del efecto suspensivo del recurso a las medidas adoptadas en la sentencia, relaciona en su apartado cuarto las medidas que debe contener la misma que son las que hayan de sustituir a las ya adoptadas con anterioridad en relación con los hijos, la vivienda, las cargas del matrimonio, disolución del régimen económico y las cautelas o garantías respectivas, estableciendo las que procedan si para alguno de estos conceptos no se hubiera adoptado ninguna. **Estas medidas, las relativas a los hijos**, vivienda, cargas y disolución, **son directamente ejecutables desde el momento en que se dicta la sentencia, resultando de aplicación, no las previsiones de los artículos 524 y siguientes de la LEC**, sino las de los artículos 538 y siguientes. Las demás medidas, como la relativa a la pensión compensatoria, indemnización por nulidad del matrimonio o compensación por desequilibrio patrimonial regulado en el Código de Familia, se encuadran dentro de los pronunciamientos que regulan las obligaciones y relaciones patrimoniales relacionadas con lo que sea objeto principal del proceso, a que se refiere el artículo 525 de la LEC que es susceptible de ejecución provisional". **La consecuencia de todo ello es que, en este caso, aun cuando la sentencia de divorcio haya sido objeto de recurso, la parte a quien interese puede pedir ante el juzgado de primera instancia que la dictó la ejecución definitiva, que no provisional, de las medidas acordadas en sentencia en cuanto a régimen de visitas y pensión de alimentos, así como que se deje sin efecto la ejecución del auto de medidas provisionales».**

VII.- EMBARGO

Esta parte solicita embargo de los bienes del ejecutado en la cantidad de [CANTIDAD] euros más [CANTIDAD] euros en los que se fijan provisionalmente los intereses y costas de esta ejecución, y sin perjuicio de ulterior liquidación de los mismos. Total [CANTIDAD] euros.

A este respecto, interesamos el embargo de:

- Salario que el ejecutado/a percibe por su trabajo en [NOMBRE], con sede en [LOCALIDAD] en la cantidad de [CANTIDAD] euros mensuales, para hacer frente a las futuras obligaciones. A este efecto, se deberá requerir a su empleador para que practique mensualmente la retención indicada (más la que se acuerde para liquidar la deuda atrasada), ordenando el ingreso de esa cantidad en la cuenta de mi representada abierta en la entidad [NOMBRE]con el n.º [NUMERO].

- Bienes (susceptibles de embargo, artículo 592 de la LEC), y sin perjuicio de los que se pudieran encontrar si los que citamos resultan insuficientes, esta parte designa los siguientes:
  - [DESCRIPCIÓN].
  - [DESCRIPCIÓN].
  - [DESCRIPCIÓN].

Si los bienes detallados en el ordinal precedente no resultaran suficientes para cubrir la suma reclamada, interesamos que por el juzgado se acuerden las siguientes medidas de investigación judicial para averiguación de los bienes, ingresos y derechos de los que pueda ser titular D./D.ª [NOMBRE PARTE CONTRARIA].

Además, deberá acordarse la retención mensual de su nómina de [CANTIDAD] euros para asegurar los pagos de las obligaciones futuras. Para ello, deberá tenerse en cuenta lo establecido en el artículo 608 de la LEC que, en materia de prestación alimenticia, prescinde de los límites para los embargos de sueldos y pensiones fijados en el artículo 607 del mismo texto legal.

VIII.- COSTAS E INTERESES

Corresponderá su pago al ejecutado, de conformidad con el artículo 539 de la LEC. En cuanto a los intereses procesales, resulta de aplicación el artículo 576 de la LEC.

Por lo expuesto,

SUPLICO AL JUZGADO/A LA SECCIÓN:

Que tenga por presentado este escrito con sus copias y documentos, se sirva a admitirlo y tenga por presentada **DEMANDA DE EJECUCIÓN DE TÍTULO JUDICIAL** frente a [NOMBRE_PARTECONTRARIA] para que, previos los trámites legales oportunos, dicte auto despachando ejecución:

1.º De la cantidad de [NÚMERO] euros de principal en concepto de atrasos y actualizaciones de la pensión de alimentos más intereses de [NÚMERO] euros.

2.º De la cantidad de [NÚMERO] euros fijados provisionalmente en concepto de intereses y costas de esta ejecución **(2)**.

Por ser justicia que pido en [LOCALIDAD] a [DÍA] de [MES] de [AÑO].

Letrado D./D.ª [NOMBRE]   Procurador D./D.ª [NOMBRE]

[NÚMERO_COLEGIADO   [NÚMERO_COLEGIADO_
ABOGADO_CLIENTE]   PROCURADOR_CLIENTE]

OTROSÍ DIGO PRIMERO: al amparo del artículo 549.1.3.º LEC «Los bienes del ejecutado susceptibles de embargo de los que tuviere conocimiento y, en su caso, si los considera suficientes para el fin de la ejecución» **(3)**.

En su virtud,

SUPLICO AL JUZGADO/A LA SECCIÓN:

Tenga por efectuada la anterior manifestación a los efectos oportunos.

Por ser de justicia, fecha y lugar *ut supra*.

Letrado D./D.ª [NOMBRE]   Procurador D./D.ª [NOMBRE]

[NÚMERO_COLEGIADO   [NÚMERO_COLEGIADO_
ABOGADO_CLIENTE]   PROCURADOR_CLIENTE]

OTROSÍ DIGO SEGUNDO: solicitamos al amparo del artículo 776.1.ª LEC que el letrado de la Administración de Justicia aperciba al ejecutado/a de que si persiste en su incumplimiento se le impondrán multas coercitivas con arreglo a lo dispuesto en el artículo 711 y sin perjuicio de hacer efectivas sobre su patrimonio las cantidades debidas y no satisfechas.

En consecuencia,

SUPLICO AL JUZGADO/A LA SECCIÓN:

Tenga por efectuada la anterior manifestación a los efectos oportunos.

Por ser de justicia, fecha y lugar *ut supra*.

Letrado D./D.ª [NOMBRE]

[NÚMERO_COLEGIADO ABOGADO_CLIENTE]

Procurador D./D.ª [NOMBRE]

[NÚMERO_COLEGIADO_ PROCURADOR_CLIENTE]

OTROSÍ DIGO TERCERO: siendo intención de esta parte cumplir con todos los requisitos legales, a tenor de lo previsto en el artículo 231 de la Ley de Enjuiciamiento Civil, se solicita se le diere traslado de cualquier defecto que adoleciere este recurso, para la inmediata subsanación de la misma.

Por ello,

SUPLICO AL JUZGADO/A LA SECCIÓN:

Que tenga por efectuada la anterior manifestación a los efectos oportunos.

Por ser de justicia, fecha y lugar *ut supra*.

Letrado D./D.ª [NOMBRE]

[NÚMERO_COLEGIADO ABOGADO_CLIENTE]

Procurador D./D.ª [NOMBRE]

[NÚMERO_COLEGIADO_ PROCURADOR_CLIENTE]

---

(1) El RD-ley 6/2023, de 19 de diciembre, modifica el artículo 776 de la LEC con entrada en vigor el 20/03/2024. El extracto mostrado en este formulario constituye la versión vigente desde esa fecha.

(2) El artículo 575.1 de la LEC dispone que «la ejecución se despachará por la cantidad que se reclame en la demanda ejecutiva en concepto de principal e intereses ordinarios y moratorios vencidos, incrementada por la que se prevea para hacer frente a los intereses que, en su caso, puedan devengarse durante la ejecución y a las costas de ésta. La cantidad prevista para estos dos conceptos, que se fijará provisionalmente, no podrá superar el 30 por 100 de la que se reclame en la demanda ejecutiva, sin perjuicio de la posterior liquidación».

(3) Indicar bienes si se conocen. Si no se conocen, se solicitará al juzgado las medidas de localización e investigación que interese al amparo del artículo 590 de la LEC. El RD-ley 6/2023, de 19 de diciembre, modifica el artículo 549.1.3.º de la LEC con entrada en vigor el 20/03/2024.

(4) Por la reforma realizada por la LO 1/2025, de 2 de enero, una vez implantados de forma efectiva los tribunales de instancia (D.T. 1.ª), todas las referencias realizadas a los juzgados unipersonales se entenderán realizadas a las secciones del orden jurisdiccional correspondiente de los tribunales de instancia. En este caso, el art. 86 de la LOPJ atribuye esta materia a la Sección de Familia, Infancia y Capacidad.